Truda Rosenberg

Sans masque

Truda Rosenberg

Sans masque

traduit de l'anglais par Christine Klein-Lataud

Les Presses de l'Université d'Ottawa
2010

uOttawa

Les Presses de l'Université d'Ottawa reconnaissent avec gratitude l'appui accordé à leur programme d'édition par le ministère du Patrimoine canadien en vertu de son programme d'aide au développement de l'industrie de l'édition, le Conseil des Arts du Canada, la Fédération canadienne des sciences humaines en vertu de son Programme d'aide à l'édition savante, le Conseil de recherches en sciences humaines du Canada et l'Université d'Ottawa.

Les Presses remercient aussi le gouvernement du Canada de son soutien financier pour leurs activités de traduction dans le cadre du Programme national de traduction pour l'édition du livre.

Catalogage avant publication de Bibliothèque et Archives Canada

Rosenberg, Gertruda, 1922-
Sans masque / Truda Rosenberg; traduit par Christine Klein-Lataud.

Traduction de: Unmasked.
ISBN 978-2-7603-0752-0

1. Rosenberg, Gertruda, 1922-.
2. Holocauste, 1939-1945–Récits personnels. 3. Juifs–Identité.
4. Survivants de l'Holocauste–Canada– Biographies. I. Titre.

D804.196.R6814 2010 940.53'18092 C2010-906151-9

À la mémoire inviolable de tous ceux
qui ont été massacrés pendant la Shoah,
afin qu'ils ne soient pas réduits à néant.

Table des matières

Remerciements

Je suis reconnaissante à tous les amis qui m'ont périodiquement encouragée à me mettre à écrire. Parmi eux, Hania Fedorowicz qui, à l'occasion, a utilisé son magnétophone pour s'assurer que j'aimerais m'entendre parler polonais. Les résultats n'ont pas été concluants, mais cela a stimulé ma pensée.

Je suis surtout reconnaissante à Annie Elliott qui a simplement apporté son ordinateur et m'a encouragée à lui dicter tout ce que je parvenais à gribouiller sur le papier. C'est devenu un devoir régulier. Il me fallait produire les histoires, tout simplement parce que je devais lui fournir le matériau à enregistrer, à ordonner, à relier et à réviser. Ses encouragements et son travail de saisie ont suscité une discipline de travail et ont abouti au recueil d'histoires que vous allez lire. Je serais encore en train de repousser la tâche d'écrire si Annie Elliott n'avait pas persévéré et ne m'avait pas encouragée à « produire » comme je le devais.

T. R.

Préface

Je fais partie de tout ce que j'ai rencontré ;
Pourtant, toute expérience est une arche sous laquelle
Luit ce monde inexploré, dont s'estompe la marge
Pour toujours et à jamais quand je bouge.

Au cours de notre vie, chacun de nous, comme Ulysse dans le poème de Tennyson, rencontre des milliers d'autres êtres humains, compagnons de voyage dans l'aventure de la vie. Parfois, la rencontre est éphémère, d'autres fois, nos chemins se croisent de nouveau, en de multiples occasions. Si nous avons de la chance, certains de ceux que nous rencontrons nous affectent profondément, transforment ce que nous croyons et changent réellement ce que nous sommes. Lorsque, comme Zbigniew Jasinski, nous regardons dans le « miroir pendu de travers » de notre âme, ce sont les visages que nous voyons se refléter.

J'ai eu la chance de rencontrer un grand nombre de personnes remarquables, dont j'ai aimé la compagnie et qui m'ont énormément appris. Sans une seconde d'hésitation, je peux dire que la professeure Truda Rosenberg vient en tête de cette liste. D'autres m'ont inspiré par leur idéal, leur engagement, leur persévérance, mais Truda représente pour moi, plus que quiconque, le tranquille triomphe de l'esprit humain devant une adversité inimaginable et un mal absolu. Elle incarne ce qu'il y a de plus précieux dans l'humanité.

Son livre n'est pas une histoire tirée d'un script de film ou d'un roman, mais l'expérience véritable d'une femme qui, en ce moment, plaisante avec moi, tranquillement assise en face de moi. D'un côté, notre badinage semble surréel ; de l'autre, il est profondément rassurant. Combien de personnes ai-je rencontrées qui ont sauté d'un train en marche les emmenant vers un camp de la mort ? Combien en connais-je qui ont été vendues comme esclaves ? En fait, pas beaucoup. À vrai dire, une seule. Son histoire ne doit jamais être oubliée et on ne doit pas la laisser s'effacer. À première vue, c'est simplement l'histoire de la façon dont une jeune fille juive de Lvov a réussi à survivre à la dramatique décennie des années quarante, mais en fait, c'est beaucoup plus. Comme une symphonie de Beethoven, elle transcende les lieux et le temps, c'est un hymne au pouvoir de la bonté, une célébration de l'étincelle de la création divine que nous appelons si simplement *la vie.*

J'écris ces mots le jour où le Canada célèbre l'Action de grâces. En vérité, il y a tant de choses dont nous pouvons nous montrer reconnaissants. En cette 88ième année depuis la naissance de Gertruda Osterman, j'espère que tous ceux qui liront sont livre y verront un témoignage incontestable de la condition humaine.

John Osborne
Doyen
Faculté des Lettres et des Sciences sociales
Université Carleton

I

De l'autre côté de la rivière

Il m'a fallu attendre mars 1961 pour être confrontée à mes souvenirs et aux expériences très douloureuses que j'ai vécues entre 1939 et 1942. C'est arrivé lors de mon premier contact avec Israël, ma terre sacrée, le rêve fervent de mon peuple enfin réalisé.

Il y avait eu une mort dans la famille de mon mari et les proches parents faisaient *shiva* pendant sept jours. Quoique ce fussent de tristes circonstances, elles nous permettaient de rencontrer beaucoup de vieux amis et connaissances qui, selon la coutume juive, venaient en flot continu visiter les endeuillés. Un jour, je remarquai une femme qui ressemblait de façon frappante à un homme avec lequel j'avais été fiancée bien des années auparavant et qui, comme son père et son frère, avait été tué par les nazis. J'ai traversé la pièce pour lui parler : « Excusez-moi, je n'arrive pas à vous quitter des yeux. C'est que vous me rappelez l'homme que j'ai failli épouser en Pologne, au début de la Seconde Guerre mondiale. Il s'appelait Lolek Hubler. » La femme a pâli et a répondu : « C'était le fils de mon frère. »

L'Armée soviétique entra dans l'est de la Pologne en 1939. Je finissais l'école secondaire avant d'entamer ma première année d'université, qui se termina en juin 1941. Sous le régime soviétique, ma famille, comme bien d'autres, connut des difficultés financières. Il m'incomba de prendre un emploi à temps partiel dans une société d'ingénierie. Lolek Hubler, un ingénieur, y occupait poste de cadre. Il remarqua rapidement que les mathématiques, l'arithmétique pour être exacte, n'étaient pas mon fort. J'avais de sérieux problèmes pour calculer ainsi que pour me débrouiller avec les machines, ce qui l'incita à m'offrir son aide. Une relation belle et riche se développa et aboutit à nos fiançailles qui amenèrent les membres de nos deux familles à faire connaissance. Ce fut un événement agréable en ces temps difficiles et incertains, où les gens se raccrochaient les uns aux autres pour se sentir plus en sécurité. La fin de juin 1941 marqua l'invasion allemande de notre ville, Lvov. Nous commençâmes à comprendre l'incroyable, à savoir que la vie de tous les Juifs était sérieusement en danger. Nous nous mîmes à envisager des moyens de nous échapper de Pologne. La famille de Lolek avait de la parenté en Argentine, pays qui devint la destination de nos rêves.

Comme première étape pour quitter la Pologne, Lolek et son frère Edek partirent s'installer à Kosów, petite ville de villégiature dans le sud-est de la Pologne, qui se trouve être mon lieu de naissance. Leur père s'était installé en même temps à Kuty avec une de mes tantes et son fils Joel. Lolek devint administrateur d'un hôpital. Il insista pour que j'aille le rejoindre. Ce n'était que la première étape de notre future installation en Argentine, via la Roumanie, qui était aisément accessible depuis Kuty.

J'espérais ne pas être repérée comme Juive ; je reçus des papiers d'identité aryens : je m'appelais désormais Kazimiera Ostrowska, catholique. Il n'était pas facile de vivre sans anxiété au milieu d'un essaim de collaborateurs nazis qui scrutaient tous les nouveaux arrivants. Il ne fallut que quelques semaines pour que je sois soupçonnée d'être Juive. Nous fûmes arrêtés, Lolek, Edek et moi, interrogés, puis, par chance, relâchés après quelques jours en prison. Cet incident nous motiva fortement à faire de sérieux plans d'évasion. Nous louâmes une charrette à cheval et nous nous rendîmes à Kuty afin de décider de ce qu'il fallait faire avec l'aide de ma famille et de monsieur Hubler père.

Je connaissais bien Kuty. Enfant, j'y avais fréquenté l'école élémentaire de la première à la quatrième année. J'avais appris à nager dans la Czeremosz et passé de nombreuses vacances avec de bons amis qui, comme moi, étaient allés par la suite vivre dans d'autres villes, une fois grands, quand ils avaient eu besoin d'un enseignement plus avancé.

C'est mon cousin Joel qui, connaissant les environs comme le fond de sa poche, offrit de nous montrer comment franchir la Czeremosz pour gagner la Roumanie. Joel nous guida dans la forêt et resta avec nous toute la nuit. Au point du jour, il nous mena à un endroit peu profond qui entourait une petite île. Cela paraissait simple. Nous pouvions traverser l'eau, qui nous arrivait à mi-corps, et apercevoir la rive roumaine toute proche et accessible. Le courant était fort et, dans la faible lueur de l'aube, nous prîmes un mauvais tournant et nous retrouvâmes, à notre grande consternation, du côté polonais.

Nous répétâmes l'exercice et réussîmes à atteindre le sol roumain. Nous fûmes aussitôt saisis par des soldats roumains et emmenés dans un grand hall plein d'autres Juifs, tous animés du même espoir que nous. Un lourd silence régnait. Nous nous regardions les uns les autres avec des yeux qui reflétaient le désespoir absolu. Nous nous rendions brusquement compte qu'il ne fallait pas attendre d'hospitalité de la part de ceux qui nous avaient capturés. Nous remarquions des gestes meurtriers ou suicidaires commis à l'aide de la morphine et du cyanure, très tranquilles et couronnées de succès. Cela, je l'ai vu de près, et j'ai regardé avec tristesse un médecin de ma connaissance faire une injection de morphine à sa femme et à ses enfants, puis avaler une pilule. En peu de temps, toute la famille était morte.

Personne ne parlait, personne ne pleurait. Un abattement effrayant régnait, interrompu de temps à autre par des soldats qui rassemblaient certains d'entre nous et les menaient hors du hall. Les gens abandonnaient leurs possessions et avançaient selon le tempo dicté par les soldats.

Soudain, Lolek me dit que son frère et lui allaient me cacher dans une armoire. C'était une tentative désespérée pour me sauver la vie. Ils fermèrent vite la porte et furent emmenés. Ma cachette me mit à l'abri un petit moment. Ce fut la rapacité d'un soldat qui me trahit. Il portait un fusil en bandoulière, la baïonnette pointée vers le haut. Il se pencha en avant pour ramasser le butin inattendu, c'est-à-dire tous les biens abandonnés par ceux d'entre nous qui avaient déjà été emmenés. Sa baïonnette se prit dans la porte de l'armoire, l'entrouvrit, et il me vit. Il appela un autre soldat pour l'aider à lier ensemble mes poignets et mes chevilles, à passer un pieu entre mes entraves et à m'emporter, comme la carcasse d'un veau abattu, pour rejoindre les autres qui attendaient de traverser la Czeremosz en direction de Kuty. Edek et Lolek étaient dans la foule. On nous compta et nous rassembla de nouveau à Kuty, sur le terrain de l'école même que je fréquentais quand j'étais petite.

Ce fut une étrange expérience. Nous avions peur de bouger parce que les soldats nous avaient strictement interdit le moindre mouvement. Nous avions même peur de parler entre nous tandis que nous restions assis ou debout, figés dans la même position, attendant la prochaine série d'ordres et de manœuvres proférées de nos gardiens à l'affût. Il semblait que nous étions devenus des automates résignés, abattus, des prisonniers privés rigoureusement de tout droit humain, fût-ce celui de bouger.

II

Kol Nidre

J'écris cette histoire le 5 septembre 2007, soixante-cinquième anniversaire du jour où j'ai sauté d'un wagon à bestiaux en route vers Belzec, le camp de la mort où ont été tués un demi-million de Juifs.

Presque toute ma famille a péri là. Les corps de toutes les victimes ont été brûlés dans le champ qui constituait le camp. Les gens étaient littéralement extirpés des wagons à bestiaux et battus pour leur faire gagner au trot, le plus vite possible, leur destination finale : la chambre à gaz.

Il conviendrait peut-être ici d'exposer la façon d'amener les gens à leur destination finale, processus dont j'ai fait l'expérience : le voyage en wagon à bestiaux et la marche de la mort.

Imaginez une grande foule de gens que l'on pousse hors de la cour d'une école, après une nuit passée sur le sol, sans protection contre le temps automnal, avec l'interdiction de changer de position, privés des nécessités les plus primitives pour les besoins physiologiques les plus fondamentaux, une foule assise ou couchée sur l'asphalte nu, dans l'attente des prochains événements, inconnus et redoutables. Pour moi, personnellement, cette cour d'école était pourtant un espace familier où, petite écolière, j'avais passé de nombreuses heures merveilleuses à jouer.

Nous étions tous fatigués, sales, hirsutes, assoiffés et, surtout, effrayés et tristes. Imaginez des hommes, des femmes, des enfants de tous âges, y compris des bébés dans les bras de leur mère, nous tous, poussés ensemble sur une route raboteuse, forcés par les gardes de respecter des rangs bien alignés et de garder un rythme de marche raisonnablement rythmé. Les hurlements des gardes exigeant l'ordre et la cadence qu'ils avaient décidés, je les laisse à l'imagination du lecteur.

Pendant que j'écris, je me convaincs de ma capacité à fournir une image crédible parce que, après tout, j'étais là – un individu parmi la masse d'êtres humains soumis par d'autres humains à des conduites qui allaient de tentatives pour garder sa raison à l'apparence d'automates sans un murmure de révolte. En vérité, j'étais là… avec d'autres aussi jeunes que moi, qui essayaient de toutes leurs forces de tenir ; non pas seulement de tenir, mais d'aider les autres à continuer. Il faut expliquer que, si quelqu'un trébuchait, ralentissait ou tombait, une balle ou un coup de pied du garde faisait qu'il était arraché de la foule en marche, laissé mort ou mourant au bord de la route. Toute tentative d'aide, si un garde la voyait, était punie. Je me rappelle que ceux d'entre nous qui étaient non seulement assez jeunes mais également forts et compatissants, aussi bien que capables de passer outre aux conséquences de la brutalité des gardes, ont établi inconsciemment, intuitivement, une manœuvre uniforme, invisible, pour aider les autres à marcher en les aidant physiquement, par exemple, en portant un bébé à la place de sa mère ou en soutenant une personne âgée pour l'empêcher de tomber.

Au fur et à mesure de notre progression, nous vîmes de nombreux corps laissés au bord de la route. Les moments tragiques, gravés à jamais dans notre mémoire, furent ceux pendant lesquels, à cette vue, toute réaction extérieure devait être étouffée. Il faut se rappeler qu'en de nombreuses occasions les êtres qu'on chérissait étaient victimes d'une brutalité insensée – et à moins d'être préparés à partager leur sort, les gens de la marche de la mort devaient avancer. Dans cette mêlée tragique, j'aperçus mes deux tantes, sœurs de ma mère. Seuls nos yeux se rencontrèrent : nous osions espérer être ensemble… C'est ce qui arriva : dirigées vers le même endroit, il nous fut possible de nous blottir l'une contre l'autre pendant le trajet dans le wagon à bestiaux.

Il y avait sans doute de la place pour quarante bestiaux dans le wagon. J'estime qu'il y avait cent ou cent cinquante personnes dans le wagon. Il n'y avait pas de toilettes, pas d'eau et, bien sûr, pas de nourriture. Il n'y avait qu'un maigre filet d'air qui atteignait certains d'entre nous selon leur position par rapport aux petites ouvertures pratiquées à la hauteur convenant à des vaches ou à des chevaux. Le train avançait lentement, tournant souvent vers une voie de garage, repartant en arrière, avançant, s'arrêtant… tout cela dans le but de nous frustrer, de nous épuiser, de nous déshumaniser en induisant des conduites marquées par la régression aussi bien que le désespoir. Pleurs, hurlements, tentatives désespérées pour rester tranquille, tout se mêlait à l'espoir que quelqu'un viendrait à la rescousse, d'une manière ou d'une autre. Nous avions souvent espoir, lorsque nous approchions d'une gare, que les passagers qui attendaient leur train régulier nous aideraient. Nous mendiions de l'eau et lancions tout ce que nous avions comme paiement : une alliance, une montre, un corsage, une robe, un manteau. Certains se déshabillaient et restaient nus pour payer leur sauvetage ou même une gorgée d'eau ! Les gens sur les quais regardaient, observaient comme on le fait quand des animaux de cirque sont transportés. Il n'y avait pas de compassion visible, pas de colère, pas de lien avec ceux d'entre nous qui étaient déportés.

Les tentatives de boire sa propre urine se firent plus fréquents et plus évidents. La chaleur, la puanteur et le bruit continu, puissant, douloureux constituaient notre écologie permanente. Nous étions assis sur le sol la plupart du temps, car il n'y avait pas de place pour bouger. À un moment, j'ai essayé de m'appuyer contre la paroi du wagon et je suis restée des heures dans cette position. Deux hommes m'ont remarquée et m'ont approchée prudemment avec cette question : « Si nous vous aidions à sauter d'ici, vous envisageriez de le faire ? » Je me suis laissé glisser sur le plancher et j'ai interrogé mes tantes du regard ; elles avaient entendu la proposition de m'aider à sauter. Toutes deux m'ont regardée, l'aînée a porté la main à sa chevelure, y a récupéré un bracelet et l'a caché dans ma chevelure touffue. Puis, lentement et doucement, elle a dit : « Saute, ma petite. » La plus jeune n'a rien dit. Elle m'a serrée brièvement contre elle. Les deux hommes m'ont aidée à me redresser, m'ont soulevée jusqu'à l'ouverture, m'ont tournée la tête en bas et m'ont poussée. Ma tête était encore à l'intérieur du wagon et le reste de mon corps accroché à l'extérieur. Je me cramponnais au bord de l'ouverture du wagon. Le train avançait lentement, mes yeux étaient rivés à mes deux tantes chéries. Les deux hommes attendaient le bon moment pour crier : « Sautez ! »

Soudain, ma plus jeune tante s'est mise à psalmodier. Le terrible chaos s'est arrêté. La seule voix audible était celle de ma chère tante Rosa. Le chant était *Kol Nidre – Tous nos vœux*. Elle chantait en hébreu la prière suivante :

Que tous nos vœux, tous nos serments, toutes les promesses que nous faisons et les obligations que nous avons envers vous, ô Dieu, depuis ce jour d'expiation jusqu'au prochain, soient annulés si, après un effort sincère, nous nous trouvons incapables de les respecter, et puissions-nous en être absous.

La prière s'est interrompue, j'ai entendu l'ordre « Sautez ! », et j'ai sauté en arrière ! J'ai déboulé sur le talus, relevant juste assez la tête pour voir le train s'éloigner et quelques hommes en uniforme sur le quai, avec des fusils prêts à tirer… mais ils ne l'ont pas fait.

Pendant des années, je me suis demandé pourquoi ma tante avait chanté cette prière en particulier. Elle en connaissait le sens dans le contexte de l'histoire juive, des persécutions, de l'esclavage, du manque de liberté d'être Juif et de prendre ses propres décisions, d'être forcé de dire ce qu'on ne pense pas, de dire oui quand il aurait fallu dire non. Elle a dû avoir peur que je ne puisse pas vivre comme une Juive si je survivais. Si j'étais morte, elle aurait prié pour le pardon de mes fautes.

Il a fallu que j'attende l'année 2005 pour pouvoir visiter le camp de la mort de Belzec qui, aujourd'hui, est un mémorial à celles et à ceux qui y ont été tués. Leurs corps a été brûlé dans les champs après avoir été gazé. Il n'y a pas de liste des victimes parce qu'on nous entassait dans les trains, une fois dénombrés, et le nombre était peint en blanc sur le côté du wagon, un fait qui ajoute à la triste réalité d'une attitude de brutes envers les Juifs : des sous-hommes, aux yeux des nazis ! Là, au camp de la mort de Belzec, un panneau porte un message qui supplie en trois langues :

Terre, ne couvre pas mon sang :
Qu'il n'y ait pas de lieu de repos pour ma révolte !

III

Après le saut

Et me voilà au pied du talus, consciente du déplacement physique et en proie à une soif terrible. Je ne m'étais fait mal nulle part. Aucune douleur. Il était difficile d'admettre que les wagons à bestiaux avaient disparu et que j'étais vivante, habillée des pieds à la tête : tailleur brique, chaussures, foulard de soie noire autour du cou.

Comme il était plutôt difficile d'attaquer le champ devant moi en talons hauts, je les enlevai, transformant mon foulard en sac. Alors que je faisais mes premiers pas dans le champ, la scène semblait irréelle ; je me souviens que j'étais hébétée, ne sachant que faire ni où aller. C'était une chaude fin d'après-midi de septembre, les rails du chemin de fer étaient derrière moi et le champ devant moi promettait paix et sécurité ; pourtant, la scène à ma droite paraissait bizarre : quelques personnes nues, deux ou trois peut-être, distantes les une des autres, se couvrant de rameaux feuillus, se tenaient debout, bougeaient précautionneusement, puis disparaissaient et réapparaissaient – personne ne parlait. Nous nous sommes aperçus sans proférer un son, redoutant d'entrer en contact. Tout doucement, je pénétrai dans le champ. Comme surgie de nulle part, une jeune paysanne marchait vers moi, chargée d'un seau, ce qui me fit espérer qu'elle porte de l'eau. Et c'était le cas ! Je ne savais pas s'il était prudent de l'arrêter, pourtant, il fallait courir ce risque : « Puis-je avoir de l'eau, s'il vous plaît ? » suppliai-je. Pas de réponse. La femme continuait à marcher lentement. Elle semblait avoir pitié. C'était du moins ce que je ressentais ou souhaitais entendre. En désespoir de cause, j'osai indiquer par un geste que je voulais qu'elle pose le seau à terre, mais elle ne bougea pas et me laissa faire. Je m'agenouillai, j'inclinai le seau et je bus longuement la précieuse eau. Tandis qu'elle me regardait, immobile, je me rendis compte qu'elle devait être sourde-muette. À ce moment-là, nous avons commencé à nous comprendre. Me faisant signe de la suivre, elle m'amena dans une petite cabane et m'offrit une pomme de terre cuite que je dévorai sous son regard attentif. Dès que j'eus terminé ma dernière bouchée, elle me fit signe de la suivre, ce que je fis.

C'était alors le crépuscule ; la jeune femme me conduisit à une distance considérable et me montra un endroit où elle me suggéra de me coucher. C'était un taillis épais entouré de quelques roseaux. Elle me regarda m'asseoir et, probablement satisfaite, me sourit timidement d'un air approbateur et me quitta brusquement. J'étais bien cachée et capable de me coucher, presque prête à dormir.

Alors que l'obscurité tombait, je commençai à entendre des cris, des ordres en allemand, des grondements de chiens. Il n'était pas difficile de comprendre que les Allemands étaient dehors avec leurs chiens de chasse, à la recherche de leurs victimes. Bien sûr, j'étais une de leurs cibles, tout autant que les autres évadés des wagons à bestiaux. Je n'avais pas le temps de ruminer, de faire des plans. J'étais fatiguée et je tombai miséricordieusement endormie. Aujourd'hui encore, je me rappelle mon rêve, dans lequel quelqu'un mettait une couverture chaude sur moi. Bien sûr, dans la réalité, il n'y eut rien de tel. En me réveillant, je fus heureuse de voir briller le soleil et je me rendis compte que je devais bouger. À ma grande stupéfaction, j'avais passé la nuit au bord d'un marais, ce qui avait empêché les chiens et les meurtriers en uniforme de me découvrir. La paysanne savait exactement ce qu'elle faisait quand elle m'avait amenée là la veille. Je ne la retrouvai pas au matin.

Il me fallut un peu de temps pour prendre la décision d'échanger, dans la mesure du possible, ma tenue pour des habits de paysanne. Il y avait quelques habitations dans le voisinage immédiat, ce qui me donnait une chance de trouver où faire un tel échange. Je frappai à la porte la plus proche, qui me fut ouverte de façon accueillante tandis qu'on me posait une question très importante : « Pourquoi étais-je là ? » et « Pourquoi avais-je sauté du train ? » – à quoi il fallait répondre par une autre histoire : « J'étais dans le train avec mon mari juif, mais je ne veux pas mourir. J'essaie de rentrer chez moi et je préfère porter des vêtements paysans. » Je commençai alors à demander aux paysans s'ils seraient prêts à échanger leurs vêtements. L'idée leur plut, ils me donnèrent une longue chemise brodée et une robe vert foncé à mettre par-dessus. Ma tenue était parfaite.

En changeant de robe, je m'aperçus que mon très cher médaillon d'argent, où j'avais enfermé des photos de mes parents et que j'avais caché dans mon soutien-gorge, avait disparu. Cela me fit mal. Et plus encore la pensée de mes deux tantes bien-aimées en route vers la mort. J'espérais que ma mère était encore vivante dans le ghetto de Lvov. Je quittai les paysans qui eurent la bonté de me donner dix œufs durs en échange de mes chaussures et je me mis en route pieds nus vers Lvov.

La route était tolérable mais le trajet, douloureux. Je rencontrai des groupes d'esclaves juifs qui travaillaient sur la route, écrasant de grosses pierres avec leurs mains nues pour en faire du gravier. Ils étaient hagards, pâles, épuisés et tristes. En les dépassant, je fis rouler les œufs durs vers eux et je poursuivis mine de rien, observant leur surprise et leurs efforts soigneux pour partager ces quelques morceaux sans manifester de curiosité pour leur provenance. C'était très triste. Je ressentis cependant une tristesse encore plus grande en voyant apparaître sur mon chemin un petit garçon. Il devait avoir cinq ou six ans, il avait des cheveux noirs et des yeux bruns ; jamais je n'oublierai ses supplications : « Madame, s'il vous plaît, madame, emmenez-moi avec vous… J'ai un peu d'argent. » Je me suis arrêtée, je lui ai montré les maisons des paysans et je l'ai dirigé vers elles. Je me suis éloignée sans me retourner.

Où aurais-je pu l'emmener ? Je présumais que ses parents l'avaient jeté du train pour lui sauver la vie. Bien des parents ont fait cela, à cette époque. Aujourd'hui encore, je regarde dans les yeux de tous les hommes qui ont survécu à la Shoah et j'espère que le petit garçon est devenu l'un d'eux. Peut-être aurais-je pu prendre soin de lui… ce souvenir est douloureux et le restera toute ma vie.

L'histoire ci-dessus relate l'une des nombreuses choses terribles que les nazis ont provoquées chez mon peuple. Les parents abandonnaient leurs enfants dans la lutte pour la survie, la leur et celle de leurs enfants. Le point de vue des nazis était de nous détruire en prétendant que nous étions des sous-hommes, et ils nous transformaient en sous-hommes avant le meurtre final, une réalité difficile à comprendre. Où était le reste du monde ? L'expression du petit garçon aux yeux sombres continue à me hanter ; sa voix suppliant « Madame, s'il vous plaît, madame, emmenez-moi avec vous » résonne clairement dans ma mémoire. Le fait est que j'ai continué à m'éloigner, sans me retourner.

IV

Le ghetto

C'était l'automne. Les feuilles se coloraient et les jours se faisaient plus courts. Des affiches, placardées dans toute la ville de Lvov, nous informèrent que les Juifs n'avaient pas le droit de vivre à côté des non-Juifs – un ghetto avait été créé à l'usage exclusif des Juifs.

La planification fiévreuse de notre nouvelle condition commença. Nous abandonnâmes la plupart de nos meubles, voire tous, y compris le piano sans lequel je me sentis privée d'un élément vital : pourtant rien n'était tragique dans ma perception de l'étrange inconnu.

Nous devions déménager dans une pièce qui, avec le temps, fut occupée par d'autres membres de notre famille. Nous pouvions à peine bouger. Ma mère et moi étions seules. Mon père n'était plus avec nous. Il avait été emmené quelques mois plus tôt avec de nombreux collègues et d'autres cadres. Bien plus tard, nous apprîmes qu'ils avaient été fusillés dans la cour de la prison locale.

Nous portions des choses et les placions dans une charrette à bras qui ne pouvait contenir que « le strict nécessaire ». Il était difficile d'évaluer ce que désignait précisément cette expression. Quoi qu'il en soit, nous remplîmes la charrette à ras bord. Pour empêcher le contenu de s'éparpiller, nous décidâmes que je m'assiérais en haut de la pile pour la stabiliser à l'aide de mon corps et de mes bras écartés. Je m'installai pour cette tâche importante et ma mère approchait pour prendre la longue poignée avec laquelle elle allait tirer la charrette lorsqu'elle s'arrêta brusquement et dit, presque paniquée : « Oh, j'ai oublié quelque chose de très important. » Elle repartit en courant et réapparut quelques moments après en portant un grand flacon du parfum Soir de Paris. Nous nous sommes regardées. Ce que voyait ma mère, c'était moi, maintenant tout ce que nous avions pu entasser dans la charrette, assise au sommet de la pile, les bras écartés, avec sur la tête un genre de fez vert piqué d'une longue plume. Ce que je voyais, c'était ma mère tenant le plus improbable de nos « biens importants ». Nous éclatâmes de rire – un rire qui se transforma en pleurs, en expression de douleur, de peur et de sentiment d'impuissance devant la cruelle réalité. Elle traîna la charrette sur une longue distance à travers les rues élégantes de notre quartier, jusqu'à ce que nous atteignions le quartier délabré de la partie pauvre de la ville, constituée de petites usines, d'une petite synagogue, de caves, de petites écoles, de petites boutiques, de cafés et de maisons ouvrières que nous, les Juifs qui allions y vivre, devions occuper selon le principe « premier arrivé, premier servi ».

L'adresse était le 35, Zamarstynowska ; c'était une ancienne usine d'eau gazeuse, qui avait été transformée en chambres et en petits logements. Le strict nécessaire était disponible, selon la demande qui semblait souvent disproportionnée par rapport à l'espace. Le terrain entourant le bâtiment était grand et fut rapidement occupé par des meubles, des lits pliants, des chariots, des landaus et des jouets. Rien ne ressemblait à un usage normal de l'espace, rien n'avait de sens. Nous avions la chance qu'on nous ait offert une chambre, rien qu'une chambre qui aurait pu suffire à deux personnes ; l'espace fut vite occupé par quatre personnes de plus ! On nous avait dit que la cave serait à notre disposition au cas où nous aurions besoin de nous cacher, de nous reposer ou de dormir quand il n'y avait plus de place ailleurs. À l'époque, en novembre 1941, le ghetto était encore ouvert – tout le monde pouvait entrer et nous pouvions sortir à condition de porter le brassard de dix centimètres sur notre manche droite.

C'était un endroit très étrange et dangereux. Tout le monde pouvait nous voler, nous battre, nous tuer ou nous enlever, et nous n'avions aucun recours. La liberté dont nous jouissions dépendait de la bonté ou du manque de bonté des représentants multiethniques qui nous visitaient. Il y avait des Allemands, des Ukrainiens et des Polonais chrétiens. Certains venaient nous vendre des légumes, des fruits et d'autres denrées, ou les troquer contre des objets de valeur de leur choix. Les vêtements constituaient aussi un bon élément d'échange. La vie dans le ghetto est mieux décrite par les écrivains qui ont fait des recherches sur tous les détails pertinents de son administration et de l'interaction avec les autorités allemandes au pouvoir, dont l'objectif principal était la destruction de la population du ghetto. Nous devions être attentifs et vigilants afin de ralentir la vitesse à laquelle les Nazis faisaient avancer leur cause.

Nous courions constamment le danger d'être attrapés et employés à toutes sortes de travaux, sans aucune certitude de revenir. C'était une réalité effrayante. Je fus prise, sortie du ghetto et emmenée dans une prison où, avec d'autres, je dus nettoyer les couloirs et les toilettes avec mes mains nues, forcée de regarder et d'écouter les prisonniers, des criminels brutaux et grossiers, qui se faisaient entendre derrière les barreaux. Le jour vint où je pus enfin retrouver ma liberté. Je retournai au ghetto où je trouvai ma mère folle de peur à cause de mon absence, incapable de m'offrir quoi que ce soit pour calmer ma faim et mon épuisement. À contrecœur, elle m'offrit deux cigarettes qu'elle avait réussi à se procurer. J'ai appris ce jour-là que les cigarettes calment la faim.

En une autre occasion, après une absence similaire, ma pauvre mère accourut vers moi avec anxiété et urgence : nos voisins immédiats, un rabbin et sa femme, avaient été emmenés vers une *Umschlagplatz*, connue pour être l'antichambre d'autres déportations. Elle me suppliait : « Trudenko, fais quelque chose ! » Et je fis quelque chose. Je me changeai à toute vitesse pour avoir l'air présentable et j'osai aller trouver les gardiens du camp, en tenant un panier à deux anses. Je leur demandai, dans un bon allemand, d'assigner deux personnes pour m'aider à distribuer des portions de pain dans le camp. Bien sûr, c'était un mensonge patent, une manigance. Mon allemand était impeccable. J'avais l'air allemande et j'inspirais confiance. Un garde me proposa de me trouver deux personnes, mais je lui dis que je préférais les choisir moi-même. Bien sûr, je choisis le rabbin et sa femme. Nous partîmes rapidement. Une fois le ghetto atteint, ils me remercièrent d'une manière magnifique, inoubliable. Le rabbin plaça sa main sur ma tête et récita une bénédiction dont voici la traduction :

Puisse Dieu te bénir et te protéger ;
Puisse Dieu te combler de bienfaits et se montrer miséricordieux envers toi ;
Puisse Dieu se montrer bon envers toi et te donner la paix.

Je quittai le ghetto plus tard à l'automne, en novembre, sur l'insistance de ma mère. Elle voulait que je vive ! Les maladies étaient endémiques. Les puces, les punaises et les poux pullulaient, indestructibles. J'avais toujours la tête propre le matin, mais quand arrivait le soir, je trouvais des poux dans mes cheveux et dans mon soutien-gorge. Jamais mes cheveux n'ont été aussi beaux que pendant la Shoah, à cause de l'utilisation constante de l'huile de sassafras. Le typhus était très répandu !

Je décidai de me porter volontaire à l'hôpital juif du ghetto. C'était essentiellement un hôpital pour les Juifs, comme son nom l'indique. Il n'y avait pas d'infirmières, pas de laboratoires et peu de médecins ; il n'y avait pas davantage de médicaments ni de nourriture. Périodiquement, les Allemands, aidés par les Askaris, entraient dans le ghetto, y compris dans l'hôpital, avec pour seul but de tuer le plus de gens possible.

Au printemps 1942, j'avais dix-neuf ans. À l'hôpital, j'étais ce qu'on aurait appelé, dans des circonstances normales, dans un hôpital occidental normal, une bénévole, et j'accomplissais les tâches nécessaires : j'aidais les malades et faisais aussi des corvées domestiques, comme nettoyer et gratter les planchers. Ces circonstances offraient aussi, à moi et aux autres bénévoles, l'occasion d'avoir parfois un maigre repas ou une douche chaude quand c'était possible. Bien des fois, j'apportais de la nourriture et je la partageais avec les patients. Il n'y avait vraiment pas grand-chose à partager. Nous étions tous affamés, les patients comme le personnel. Pourtant, il y avait un certain sentiment de sécurité derrière les murs de l'hôpital. On présumait logiquement qu'on permettrait aux malades de se rétablir, ne serait-ce que pour alimenter le flot continu d'esclaves.

Un jour, les soignants, dont je faisais partie, furent informés qu'une des tristement célèbres *Aktionen* (ce qui signifie « actions ») des Allemands allait se produire. Les actions allemandes étaient assez fréquentes dans le ghetto et avaient toujours pour résultat la diminution de sa population. La menace était réelle et les conséquences, connues. Un besoin désespéré de sauver les membres de notre famille, les enfants en particulier, amena certaines d'entre nous à essayer de prévenir les meurtres attendus. Certains membres du personnel amenèrent leurs enfants avec eux, dont des bébés, pour tenter de les faire échapper à la mort. Je me rappelle parfaitement la vitesse à laquelle nous avons appliqué des attelles et des bandages aux petits bras, jambes, poitrines et têtes pour leur donner l'apparence de patients de chirurgie, dans l'espoir que personne n'oserait toucher, maltraiter ou rosser les petits entre les murs de l'hôpital.

Nous travaillâmes fébrilement jusqu'au moment où nous reçûmes l'ordre de prendre nos positions dans nos services respectifs de sorte qu'aucun service ne reste sans surveillance. Les SS et les Askaris venaient d'entrer dans l'hôpital. Je courus dans mon service. Imaginez le service : deux rangées de lits avec environ vingt-cinq hommes bouffis de faim, meurtris par les coups, maintenus dans leur lit par des appareils chirurgicaux, leurs membres traversés de clous Smith-Petersen pour les immobiliser. Imaginez un silence perçant et des yeux épouvantés d'impuissance. Écoutez les hurlements des enfants et des bébés en arrière-plan. Entendez les hurlements à figer le sang des Allemands et voyez la porte s'ouvrir brutalement tandis qu'apparaissent trois bourreaux en uniforme hurlant « *H'Raus, H'Raus, H'Raus* » *!* En l'absence de réponse et de mouvement de la part de ceux qui étaient cloués à leur lit, ils se mirent à jeter par terre les matelas avec les patients. Il n'est pas difficile d'imaginer leur douleur et leurs cris.

Et j'étais là, parmi eux, incapable de toute action utile, terrifiée mais debout, comme si j'étais responsable… peut-être l'étais-je ! J'entendais la douleur des patients, mêlée aux hurlements brutaux des bourreaux allemands, et je décidai que nous allions tous mourir. J'entonnai la *Shema.*

Shema Yisrael,
Adonai Eloheinu,
Adnai echad.

(Entends, ô Israël, Le Seigneur est notre Dieu. Le Seigneur est un !)

Les patients, certains par terre, sous leur matelas, continuèrent la prière (avec la prononciation ashkenaze) :

Boruch shem kwod
Malchuso
Leoyelm wued.

(Béni soit son glorieux Royaume dans les siècles des siècles !)

Je ne connaissais pas les paroles ; eux, si. Les bourreaux s'arrêtèrent. Ils restèrent immobiles un instant, puis l'un d'eux me gifla une fois, puis deux, et quitta la salle. La porte claqua et la prière continua. J'entendais la voix de mes patients.

We ahatvo as Adojnoj
Eloheho b'hol levaveho
U'b'hol nfsheho u'b'hol meodeho.

(Tu aimeras le Seigneur ton Dieu de tout ton esprit,
De toute ta force, de tout ton être.)

Ces patients ont survécu à ce jour. Beaucoup de corps gisaient dans tout l'hôpital : des enfants avec la tête écrasée, des vieillards, tout le monde était étendu partout. Je ne me rappelle pas s'il manquait des membres du personnel. Je ne les connaissais pas tous. Les actions des SS étaient brutales, rapides et sans merci.

Aujourd'hui encore, j'essaie de comprendre comment un peuple civilisé peut se transformer en automates brutaux dans l'acte de tuer. Ce qui est encore plus incroyable est que beaucoup des commandants avaient un doctorat. Un doctorat en quoi ? Une formation dans quel domaine ? Il est devenu évident pour moi qu'aucun d'eux ne pouvait avoir été éduqué dans le vrai sens du mot.

V

La dernière étreinte

C'était le 2 novembre 1942, à cinq heures, un matin froid et sombre, devant le mur du ghetto de Lvov. Ma mère me faisait face, les bras sur mes épaules; ses yeux me regardaient intensément, comme pour évaluer ma force, mon endurance et peut-être mon courage. Elle a dit d'une voix haletante : « Trudenko, bien des choses vont arriver à ton corps. Je sais que tu les surmonteras. »

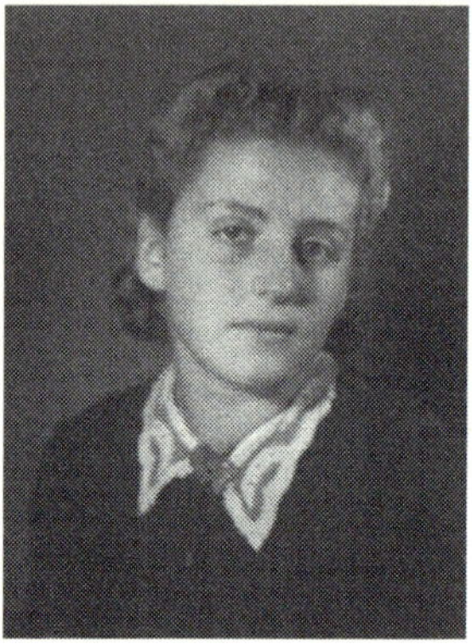
ZBIGNIEW JASINSKI

1942

Elle m'a attirée contre elle. Ma tête était maintenant nichée contre son épaule gauche. Non, je ne pleurais pas. J'ai tourné la tête et redressé les épaules. Je l'ai regardé dans les yeux, avec le désir d'en absorber le bleu, la douceur pénétrante et l'expression de confiance et d'affection qui s'y lisait. « Trudenko, a-t-elle répété, ne laisse rien arriver à ton âme juive. »

Une dernière étreinte et j'ai franchi la porte du ghetto. Le train pour Varsovie allait bientôt partir.

VI

Varsovie

Munie d'une toute petite valise et d'une sacoche, habillée d'une robe de laine claire très simple, d'un manteau de tweed et d'un chapeau de feutre assez grand pour couvrir mes cheveux bouclés, je rejoignis la cousine de ma mère et son petit garçon, Stefanek, et montai dans le train sous le nom de Zofia Wolanowska, en route vers Varsovie.

Varsovie paraissait à beaucoup d'entre nous assez grande, assez impersonnelle et donc assez sûre pour que

ZBIGNIEW JASINSKI

1942

nous puissions nous fondre sous un faux nom dans la population aryenne. Il nous semblait que le risque d'être reconnus comme Juifs était bien moindre dans une grande ville, où personne ne nous connaissait personnellement. Le voyage se passa sans histoire, à part l'anxiété et la faim que nous devions surmonter afin d'avoir l'air à l'aise et détendues. Nous ne nous sommes pas parlé. Nous prenions garde de ne pas attirer l'attention ; la plupart du temps, je faisais semblant de somnoler.

À un certain moment, j'ai pensé ou j'ai rêvé que j'avais un sandwich dans ma sacoche. Je me suis baissée et j'ai farfouillé dans mes affaires, mais peine perdue, pas de sandwich. À ma grande horreur, ce que j'ai trouvé était ma *Kennkarte* juive, la fameuse carte d'identité à l'usage exclusif des Juifs, portant mon vrai nom. Cela m'a fait un choc qui aurait pu m'ôter tous mes moyens si je ne m'étais pas souvenue du souci qu'avait ma mère de l'importance de l'identité véritable.

Cela remonte au 15 juillet 1941, lorsqu'un ordre nazi a obligé les Juifs à porter un brassard de dix centimètres avec une étoile de David bleue. Ma mère a préparé mon brassard. Elle a brodé l'Étoile de David et l'a placée sur ma manche droite. « Porte-la fièrement », a-t-elle dit. Le brassard distinctif n'était que le commencement du « marquage » extérieur des Juifs. À l'époque, personne ne soupçonnait tout ce qu'on allait découvrir plus tard ni les cruautés calculées qui suivirent, dont le but était l'annihilation des Juifs.

Un jour, je décidai de ne pas porter mon brassard et je me hasardai hors du ghetto. Ma mère me suivit à distance sans que je le sache jusqu'à ce que, par hasard, je me sois retournée et que je l'aie aperçue. Je lui demandai de s'expliquer et elle me répondit : « S'il t'arrivait quelque chose, Trudenko, il doit être clair que tu es une Juive ! On doit voir clairement qui tu es ! »

Maintenant, dans le train vers Varsovie, que devais-je faire de ma carte d'identité juive? La jeter, même en morceaux, pouvait s'avérer dangereux. Pendant que ces pensées se bousculaient dans ma tête, je me mis, de façon tout à fait invisible, à déchirer la carte cartonnée en petits morceaux et quand ils étaient assez petits, je les mâchais, un par un, jusqu'à ce qu'ils soient assez mous pour être avalés, ce que je fis. Il ne restait pas le moindre lambeau de preuve!

Le train arriva à Varsovie. Une autre cousine nous attendait. Je la vis de loin, mais je m'abstins de lui faire signe alors qu'elle accueillait sa sœur et le petit Stefanek. À ce moment précis, sans aucun avertissement, deux miliciens polonais en uniforme s'approchèrent de moi et m'arrêtèrent brusquement. On savait que ces gens collaboraient avec les Nazis. L'un d'eux s'empara de ma valise, m'accusa violemment d'être juive et annonça qu'ils allaient m'emmener pour être interrogée. À l'entrée d'un grand bâtiment aux allures de forteresse, en vilaines briques rouges, je demandai : « Où sommes-nous? » Ils répondirent d'une seule voix : « À Pawiak! »

C'était la première fois que j'étais à Varsovie, je ne savais pas ce que signifiait Pawiak. Je compris que c'était un monument célèbre de la ville. De plus, j'étais très curieuse de voir qui m'interrogerait. Nous sommes alors entrés dans une petite salle très éclairée avec un bureau et une chaise ou deux. L'un des hommes s'assit au bureau, tandis que l'autre ouvrait ma valise et examinait son contenu.

« Tu es une Juive, accusa l'un des miliciens, sûr de lui. »

Aujourd'hui encore, j'arrive à peine à croire à l'intelligence et à l'audace dont j'ai fait preuve dans ma réponse :
– Écoutez-moi bien, ai-je répondu en regardant ma montre pour donner l'impression que j'étais pressée. J'ai bien des défauts, mais pas celui d'être Juive ! (Je disais la stricte vérité !)

– Pourquoi es-tu venue à Varsovie ?, a demandé l'autre agressivement.
– En fait, je cherche un emploi, ai-je répondu. »

L'homme assis au bureau me dit brutalement :
« – Si tu n'es pas Juive, tu dois observer l'Avent.

– Et vous ?, ai-je demandé. Il n'y a que les gens très religieux qui le font. Je ne viens pas d'une famille très religieuse.

– Alors, qu'est-ce que l'Avent ?, me demanda l'un d'eux. »

La question fut répétée.

« – Vous ne savez pas ?, ai-je répondu d'un air surpris. Pourquoi me le demander ? Vous n'êtes pas catholiques ? »

Je remarquai alors un panneau allemand sur la porte menant à un autre bureau.

« – Sur quoi donne cette porte ?

– C'est la police allemande. Tu vas y aller après, répondirent-ils. »

À ce moment-là, j'eus très peur mais j'essayai de garder mon calme, je regardai ma montre et je dis :
« – J'ai un rendez-vous dans une heure. Vous me retenez ici, Dieu sait pourquoi. Je peux perdre ma chance d'obtenir un emploi. S'il vous plaît, emmenez-moi à la station de tramways aussi vite que possible. Si vous m'envoyez à côté, quelle sera votre récompense ? Si vous m'emmenez au tramway, vous aurez en remerciement une belle surprise. J'osai ajouter ceci : Je ne voudrais pas être à votre place quand nous nous rencontrerons après la guerre. Alors, dépêchons-nous !

– Quel numéro de tram voulez-vous?, me demanda le milicien.

– N'importe lequel, dépêchez-vous, répondis-je. »

Il m'aida à porter ma valise. Je grimpai dans le premier tram sans aucune idée de sa destination. Pendant qu'il s'éloignait, je tirai délicatement de mes cheveux le bracelet d'or serti de trois diamants d'un carat que ma tante m'avait remis dans le wagon à bestiaux. Je le lançai soigneusement pour qu'il l'attrape, ce qu'il fit juste à temps, et il me salua.

Ce n'est que bien plus tard que je compris ce qu'était la Pawiak. Ceux qui l'ont le mieux décrite sont ceux qui y ont été, qui ont survécu à ses horreurs et ont eu la chance de ne pas être torturés à mort.

Je fus capable de m'orienter dans la direction nécessaire pour gagner le lieu où il y avait des gens préparés à aider les « criminels » de mon genre. Je parvins à rejoindre madame Faliszewska, femme d'un acteur polonais bien connu du même nom. Je frappai à la porte, elle ouvrit rapidement et m'accueillit d'un air chaleureux : « Entrez, ma petite. » Elle me dit que je pouvais passer quelques jours en sécurité chez elle, mais qu'elle n'était pas en mesure de me nourrir. Et d'un même souffle, cette femme merveilleuse me suggéra de remédier immédiatement à mes cheveux, qui différaient vraiment trop du blond habituel des Polonaises aryennes. Son ton indiquait que cela pressait, et elle le confirma en me donnant l'adresse de la coiffeuse chez qui elle voulait que j'aille sur-le-champ. Le temps et le choix du moment étaient essentiels. Je suivis sans attendre sa suggestion.

La pièce était petite, claire, très propre et bien rangée. L'atmosphère professionnelle se reflétait dans le soin dont on avait entouré la chaise de coiffeur, parfaitement entretenue, les instruments, le lavabo et le rideau qui servait à créer « le coin de la coiffeuse ». Le reste de la pièce était meublé simplement, comme un studio, avec une cuisinette que l'on reconnaissait au réchaud à deux feux, à un tout petit placard et à une table carrée.

M'arrêtant sur le seuil, j'informai une vieille dame très soignée que j'étais envoyée par madame Faliszweska. Elle sourit, me montra la chaise de coiffeur et m'assura qu'elle savait quoi faire. J'eus un malaise profond lorsque je l'informai que je n'avais pas d'argent, sur quoi elle sourit et me prit la main, comme pour me dire : « Ne vous inquiétez pas. » La procédure pour me teindre les cheveux commença sans tarder. La petite dame travaillait doucement et affectueusement. Fatiguée, épuisée, triste

ZBIGNIEW JASINSKI

1942

et affamée, je tombai endormie au milieu de l'opération et je me réveillai au fumet merveilleux d'une soupe d'orge qu'elle tenait près de mon visage. Elle me dit d'une voix douce :

« – Mangez, mon enfant. Vous devez avoir très faim. »

Tandis qu'elle me regardait manger doucement, prenant soin de ne perdre aucune goutte du précieux bouillon, elle me demanda :

« – Avez-vous où loger ?

> – Je chercherai du travail pendant que je suis chez madame Faliszweska, mais je n'ai pas idée où loger.
>
> – J'ai une sœur qui habite dans la tour d'à côté. Venez avec moi. Elle pourra peut-être vous aider, me répondit-elle vivement. »
>
> Sans aucune hésitation, sa sœur m'invita à partager son appartement. L'argent ? Je n'en avais pas :
> « – Restez aussi longtemps que vous voulez, dit-t-elle. Mais je ne peux rien vous donner à manger. »

J'étais reconnaissante et je le lui dis. La dame me montra dans son séjour une chaise longue qui pouvait me servir de lit. Elle m'informa qu'il n'y avait pas de literie disponible. Je m'étonne maintenant que rien de ce genre ne m'ait préoccupée.

Ce premier soir, nous étions assises dans la salle à manger, buvant un mélange de chicorée et d'eau bouillie que nous appelions *café.* C'était un moment de repos et de répit au terme d'une journée très longue et très intense. Soudain, la porte d'entrée s'ouvrit et un homme entra. À ce moment-là, mon cœur se mit à battre la chamade, comme en tant d'autres occasions. Vivre sous une identité d'emprunt provoquait un état d'anxiété dans presque toutes les situations. « Quoi maintenant ? », pensais-je. L'homme s'arrêta pour nous saluer. La propriétaire me présenta et dit : « Voici Zofia Wolanowska, monsieur Jasinski. Elle vient de Lvov, et s'est échappée du *German Arbeitsamt* (Département allemand du travail). Elle cherche un emploi. Pouvez-vous l'aider ? »

Zbigniew Jasinski me regarda avec un sourire chaleureux, se tourna vers une porte, l'ouvrit avec une clef et disparut dans sa pièce. Environ une demi-heure plus tard, il nous rejoignit un moment, montra un sac de papier brun et déclara : « J'aimerais vous emmener déjeuner demain à une heure. Nous parlerons de la possibilité de vous trouver un travail. » Tout en parlant, il ouvrit le sac brun et étala sur la table une grande quantité de chocolat et de confiseries en déclarant : « Ceci est un acompte. » Il nous souhaita bonsoir et quitta l'appartement.

Zbigniew Jasinski apparut à une heure le lendemain, comme promis. Nous allâmes dans un petit restaurant. Il choisit une table, tira une chaise et me fit signe de m'asseoir de façon que je tourne le dos aux clients du restaurant, alors qu'assis en face de moi, il verrait tout ce qui se passait autour de nous. Il y avait dans son dos une fenêtre donnant sur un mur de brique. Des années plus tard, en

ZBIGNIEW JASINSKI

1942

me remémorant ce déjeuner avec Zbigniew Jasinski, je crois qu'il savait que j'étais Juive et se préoccupait de ma sécurité. En ce temps-là, on ne pouvait jamais se montrer trop prudent, car il y avait toujours dans la foule des gens à l'affût, scrutant leur entourage avec l'intention de découvrir, de dénoncer et de capturer des Juifs. Aujourd'hui encore, j'éprouve de la reconnaissance à la pensée des gens comme Jasinski et à leurs actes généreux accomplis au risque de leur vie.

Jasinski commença par me dire que notre propriétaire était une personne très estimable mais aussi très naïve. Son occupation principale était de lire l'avenir, ce qui amenait chez elle des gens de toutes sortes. Il suggéra que je serais beaucoup plus à l'aise et certainement moins exposée dans sa chambre, qu'il n'occupait qu'occasionnellement pour y entreposer en sécurité ses poèmes inédits : il me proposa de m'occuper de les mettre en ordre et de les ranger. Comme il ne disposait pas d'argent pour me rémunérer, il promit d'envoyer un jeune employé d'une usine qu'il dirigeait apporter du ravitaillement quotidien pour la propriétaire et moi. Il me tendit la clef de sa chambre et nous retournâmes ensemble pour qu'il me montre les lieux.

La chambre était toute petite, très simple et modeste. Il y avait un lit de fer dans un coin. Une petite armoire se dressait à côté de l'unique fenêtre de la pièce. Une toute petite table blanche avec deux tiroirs était appuyée contre un mur blanc où un miroir était accroché de travers. Il y avait un poêle à charbon carrelé, censé chauffer deux pièces, celle où nous étions et le séjour adjacent où il y avait la chaise longue. Ce poêle offrait la promesse d'un feu accueillant et amical, mais il n'a jamais chauffé, du moins durant mon séjour.

Zbigniew Jasinski venait de temps en temps et m'emmenait rendre visite à sa famille. Une fois, il voulut me faire rencontrer sa femme, Wanda Karczewska. Je ne la rencontrai que cette fois-là. Je ne lui fis pas du tout bonne impression, c'est le moins qu'on puisse dire. Il était évident qu'elle ne voulait pas de moi dans les parages.

J'étais très reconnaissante pour la sécurité et la discrétion que m'offrait la petite pièce de Jasinski. Mon séjour fut plutôt bref. Un peu plus tard, je trouvai un emploi et commençai à travailler comme femme de chambre, aide ménagère, nounou, ce qui me permit de vivre dans des foyers normaux.

Parfois, je me trouvais impliquée dans le transport d'armes et de munitions en préparation du soulèvement du ghetto de Varsovie et, plus tard, du soulèvement de Varsovie. Zbigniew Jasinski, gentleman, poète et administrateur d'usine, était membre de l'*Armia Krajowa* (Armée clandestine de l'intérieur). À ma grande surprise, je découvris ce fait bien des années plus tard, en 1998, quand je me rendis à Yad Vashem, le Musée de la mémoire de l'Holocauste en Israël. J'avais l'intention de faire inclure le nom de Jasinski dans la liste des « Justes devant les nations ». À ma stupéfaction, je découvris qu'il était le chef de la Brigade Rickshaw. Son pseudonyme était Rudy. La Brigade utilisait des rickshaws comme moyen de transport pour ses opérations et ses communications secrètes dans la préparation des soulèvements.

Un jour, je me trouvais dans un tramway, transportant un étui à violon qui contenait des armes. Pendant que je me tenais là, traînant l'étui parce qu'il était trop lourd à porter, je m'aperçus qu'un homme me regardait avec intensité. Ma première pensée fut qu'il m'avait identifiée comme Juive. Si j'avais été prise, j'aurais eu deux condamnations à mort : la première parce que j'étais une Juive, la seconde parce que je transportais secrètement des armes. Pensant que ce pourrait bien être ma dernière heure ou ma dernière chance de survie, n'ayant rien à perdre, je me tournai vers lui et, prétendant être indignée par son manque de tact et de manières, je lui dis d'un ton mordant : « Vous me regardez fixement ! » À cela, il me répondit en souriant : « Vous ressemblez tant à la Sainte Vierge Marie, mère de Dieu ! » Il ne m'était pas venu à l'esprit qu'il ait pu me regarder parce que j'étais jolie ! Tout ce que j'ai pensé, sur le moment, c'est qu'il ne devait pas savoir que Marie était Juive !

ZBIGNIEW JASINSKI

1943

Jasinski était alternativement présent et absent de ma vie. Il disparaissait sporadiquement et réapparaissait soudain. La dernière fois, ce fut quelques jours avant le soulèvement de Varsovie. Il me regarda comme un vieil ami et me dit : « Dans quelques jours, personne ne se souciera de qui était qui ou pourquoi ! » Il me tendit sa photo la plus récente de 1944 et écrivit au verso : « Puissions-nous nous retrouver quand l'homme ne sera plus un loup pour l'homme. Affectueusement, Zbyszek. » Je ne l'ai pas revu.

En 1943, j'ai observé le soulèvement du ghetto de Varsovie depuis la fenêtre de mon employeur et je faisais attention à cacher non seulement ma profonde tristesse, mais aussi mon immense fierté devant le courage de mon peuple, de mes frères et de mes sœurs, jeunes, vieux, enfants, bien portants et malades, qu'on assassinait pour la seule raison qu'ils étaient Juifs. J'ai également été témoin du courage et de la compassion des Polonais chrétiens et je ne pouvais pas leur exprimer ma reconnaissance. J'étais triste et impuissante, mais j'ai essayé de rendre leur tragédie supportable, quand j'étais dans l'incapacité d'exprimer la mienne.

En 1944, le soulèvement de Varsovie s'est terminé par la destruction de la ville et de sa population. J'allais dans les tranchées à la recherche de nourriture ; je faisais la cuisine à genoux pour éviter d'être remarquée par les francs-tireurs qui tiraient depuis les toits à travers la rue, tout cela avec l'espoir que la vie de parents dont dépendaient de jeunes enfants serait préservée. Il me semblait que, si j'étais morte, je n'aurais manqué à personne ; mon absence n'aurait pas forcément été remarquée. Malgré ces pensées, je trouvais des forces et éprouvais de la satisfaction à rendre possible pour d'autres de survivre.

Des années plus tard, en 1996, j'ai rencontré un général et un professeur polonais à l'Ambassade de Pologne à Ottawa. Je leur ai demandé s'ils connaissaient le poète

ZBIGNIEW JASINSKI

1944

Jasinski et, auquel cas, s'ils savaient ce qui lui était arrivé. Tous deux le connaissaient. Ils me dirent qu'il était mort en 1984, en Australie, et qu'il existait un livre sur lui; une famille d'Ottawa le connaissait bien et possédait ce livre. Je contactai la famille et commandai le livre. À mon grand étonnement, je trouvai le poème suivant, intitulé « *Piosenka* », ce qui signifie « chansonnette ». Il a dû être écrit pendant le soulèvement parce que, comme je l'ai découvert plus tard, Jasinski avait été emmené en Allemagne comme prisonnier de guerre. Le poème parle d'une chambre qu'il a occupée un certain temps. Le voici, traduit du polonais :

C'est vide dans la petite chambre
Quatre murs nus
Un miroir de travers
Et un poêle qui ne chauffe jamais…
À travers les carreaux sales, la tristesse regarde par la fenêtre
Et la poussière couvre les toiles d'araignée dans les coins…
Et au-dessus des toiles d'araignée
– si facilement, sans le moindre effort –
flottent les souvenirs de toi, ma belle.
Quelque part dans la ville incendiée
Mes diverses murailles
Résonnaient d'un rire venu d'autres temps…
Tristesse vide, pensées futiles et larmes…
Je vais boire un verre, pour oublier
Ne pas voir ; ne pas entendre ; ne pas penser.
Je vais boire davantage
Et revenir ivre à ma tristesse
Au milieu de mes murs vides…
Je regarderai dans le miroir toujours pendu de travers –
Le monde tourbillonnera tout autour
Et en son cœur
Sous mes yeux brouillés qui te cherchent,
Je te verrai.

VII

L'acquittement d'une dette

C'était sans doute à la fin de l'automne 1944. J'étais encore énergique, en bonne santé malgré tout ce qui m'était déjà arrivé. Les circonstances qui régnaient en Pologne à l'époque étaient tout à fait chaotiques, et on me prenait pour une réfugiée de l'est de l'Allemagne, quoique les Allemands m'aient enregistrée comme leur esclave sous les auspices de l'infâme Organisation Todt. Ce fut une expérience effrayante de me retrouver en compagnie de

Polonais qui étaient en fait des ressortissants allemands. J'étais pétrifiée à l'idée d'être reconnue comme Juive. Même dans le chaos qui régnait juste avant la défaite allemande, le crime suprême restait d'être un Juif.

J'étais au milieu d'Allemands quand l'avion atterrit à Francfort ; nous nous alignâmes tous et commençâmes à grimper dans un camion qui devait nous emmener hors de l'aéroport. À ce moment précis, je me mis vraiment à paniquer : j'agitais dans ma tête mille questions qu'on pouvait me poser lors d'un interrogatoire. Que répondre ? Allemande de l'Est ? Quelle sorte d'Allemande de l'Est ? D'où venez-vous ? Dans quelle ville viviez-vous ? Où sont vos papiers d'identité ? Qui connaissez-vous ? Quelle est votre destination ? Pourquoi voyagez-vous avec les réfugiés de Pologne ? Est-ce que quelqu'un vous connaît ?

Je parvins à me glisser hors de la queue sans être interrogée. Une fois de plus, j'étais en fuite sans savoir où me tourner ; un bus arriva à l'arrêt, avec pour destination le centre-ville. Je sautai dans le bus bondé et j'avisai un siège inoccupé vers lequel je me dirigeai. Une jeune femme était assise à côté. Je commençai par demander en allemand :

« – Excusez-moi, s'il vous plaît. Savez-vous où je pourrais loger cette nuit ?

– Il y a des tas d'endroits préparés pour les réfugiés est-allemands de Pologne, me répondit-elle aussitôt chaleureusement. »

J'écoutai, réfléchis un moment et décidai de courir le risque :
« – C'est que, voyez-vous, mademoiselle, dis-je dans un souffle, lentement et soigneusement... Je ne suis pas Allemande. »

La jeune femme me regarda d'un air interrogateur, mit un doigt sur ses lèvres pour me faire taire et me souffla :
« – Sortons d'ici, nous parlerons en marchant dans la rue. »

À ce moment précis, le receveur s'approcha de nous. Je n'avais pas d'argent et elle s'y attendait, elle paya pour moi, me prit doucement la main en disant :
« – Venez avec moi. »

Ce que je fis. Elle continua à parler pendant que nous marchions :
« – Je vis près d'ici. Ma colocataire vous accueillera avec plaisir. Vous dites que vous n'êtes pas Allemande. De quelle nationalité êtes-vous ?

– Je suis Polonaise. Et quelques pas plus loin, j'ajoutai : Il m'est impossible de venir avec vous.

– Pourquoi donc ?

– Parce que, tout en étant Polonaise, je ne suis pas une Polonaise chrétienne. »

Elle s'arrêta, attendant que je continue, et j'expliquai calmement :
« – Je suis Juive. C'est pourquoi je ne peux pas accepter votre offre… Vos vies seraient en danger à cause de moi. »

À ce moment-là, elle me prit fermement la main en disant :
« – Raison de plus pour que vous veniez avec moi. »

J'hésitai et elle poursuivit :
« – Il faut que vous veniez. Je veux que vous vous reposiez. »

Je ne me souvenais pas de la dernière fois où je m'étais prélassée dans un bain, avec du bon savon et de l'eau bien chaude, le tout dans une jolie salle de bains et une belle baignoire. Je me réjouissais à l'idée de draps propres et d'un oreiller moelleux sous ma tête.

Juste au moment où j'allais me coucher, mon hôtesse m'informa qu'elle devait me quitter quelques minutes pour passer un coup de téléphone. Il n'y avait pas de téléphone dans son appartement. Je n'avais rien à dire, mais je me mis à avoir peur qu'elle appelle la Gestapo pour rapporter la présence d'une Juive dans son appartement. Le souci s'envola vite… ce n'était pas la première fois que je devais y faire face. C'était devenu une constante en raison de mon statut précaire de condamnée – condamnée à mort ! Je décidai donc qu'on ne meurt qu'une fois et que mon heure était venue. Au moins, pensai-je, j'aurais connu la gentillesse, une maison chaude, un bon repas, autant de choses qui méritent reconnaissance. Maintenant, conclus-je, elle devait faire son devoir envers son *Fuehrer* et aider à tuer un « être sub-humain » de plus. Je ne réagis pas et je me souvins que j'avais l'habitude de feindre la sérénité. Mon hôtesse ne donna pas d'information sur la personne qu'elle allait appeler. Elle partit et revint quelques minutes plus tard avec un grand sourire, en disant : « Je viens juste d'appeler ma mère à Berlin, et elle a suggéré que je vous fasse sortir d'ici tôt demain matin, avant que la concierge ne se lève et ne remarque éventuellement une étrangère. Cela pourrait devenir une situation dangereuse. Nous allons partir d'ici avant quatre heures du matin, et je vous mettrai dans le train de cinq heures pour Berlin. Ma mère vous attendra sur le quai. Elle aura un journal sous le bras. Attendez qu'elle s'approche de vous. »

La jeune femme acheta mon billet, et le train quitta la gare de Francfort avec moi à bord. Une dame avec un journal sous le bras m'attendait à Berlin. Elle me tendit la main et se présenta : « *Frau* Mitrofanof ». Nous nous mîmes en route vers son appartement sans aucune question. Elle m'invita à rester chez elle aussi longtemps que j'en aurais besoin; ce fut avec embarras et presque en s'excusant qu'elle me dit que, malheureusement, elle ne pouvait me nourrir, parce qu'étant seule, elle ne recevait qu'une seule carte de rationnement. Cela signifiait que je devrais chercher toute seule à me procurer de la nourriture. « Tous les restaurants, a-t-elle vite ajouté, fournissent de la soupe, du café et de la bière gratuitement. » Je fus profondément touchée et lui exprimai ma gratitude en retenant mes larmes.

Un jour, alors que je faisais la queue pour recevoir de la soupe, quelqu'un me donna une tout petite miche de pain, que je serrai avidement contre moi, et je chérissais la pensée de m'en régaler avec ma soupe. Cependant, je n'avais rien pour couper le pain, aussi, j'abandonnai l'idée. J'avisai alors, quelques pas derrière moi, un soldat allemand dans un uniforme en loques, l'air épuisé. Je m'approchai de lui, en pensant qu'il aurait un couteau de poche. Il m'en prêta un en me souriant, ce qui me poussa à couper la petite miche en deux et à lui en offrir la moitié. La seconde moitié, je l'apportai à *Frau* Mitrofanof.

Comme je savais que je ne pouvais rester indéfiniment chez *Frau* Mitrofanof, je me mis en quête d'un travail à Berlin, ce qui provoqua mon placement dans le camp de travail de Wilhelmshafen quelques jours plus tard.

Un froid matin d'hiver, j'étais assise avec *Frau* Mitrofanof et nous buvions une décoction de chicorée que nous appelions *café*. Il faisait chaud dans l'appartement, et c'était plutôt douillet. J'avais enfin l'occasion de poser une question que, jusqu'alors, je n'avais osé poser. Elle savait que j'étais Juive parce que sa fille le lui avait dit. Pourquoi m'abritait-elle, moi, une étrangère et une Juive ? Pourquoi risquait-elle sa vie ? Je lui dis clairement que j'étais très reconnaissante, mais que je ne pourrais sans doute jamais lui rendre la pareille. Je me demandais seulement ce qui la faisait agir ainsi ! En réponse, *Frau* Mitrofanof mit sa main sur la mienne et me regarda avec une grande bonté en me disant : « Comme vous le savez, mon nom est Mitrofanof. Mon mari appartenait à la noblesse russe. Il s'est trouvé dans votre situation pendant la Révolution de 1917 en

Russie, lorsque les communistes ont pris le pouvoir. C'est un Juif qui a risqué sa vie pour le faire sortir de Russie en l'emmenant en Allemagne. Maintenant, je paie sa dette. »

Nous nous sommes alors souri chaleureusement. J'étais reconnaissante de cette découverte, qui confirmait que, dans un monde rempli de meurtres, de vols, de tentatives de déshumaniser et d'annihiler l'autre, un monde plein d'horreurs incroyables et d'ordures, les dettes morales continuent d'exister. Leurs paiements sont dûment honorés tandis que leur souvenir peut susciter des remboursements offerts à d'autres personnes en péril.

VIII

La beauté au milieu de l'ordure

Plus tard, je me suis retrouvée à Wilhelmshafen, un camp de travail pour Aryens. Il faut souligner que je prétendais être une non-Juive, *masque* qui me permettait de partager les expériences et les conditions difficiles dans lesquelles vivaient de très nombreux jeunes gens venus de divers pays européens. Nous avons été enlevés, rassemblés dans les rangs de l'Organisation Todt par les Allemands et leurs collaborateurs. Nous étions en fait considérés et traités comme des esclaves et nous étions mis au service illimité et arbitraire d'un État totalitaire impitoyable. Beaucoup n'ont pas survécu au travail ou à la guerre. Mon expérience personnelle a eu lieu aux camps de Pütnitz et de Wilhemshafen. L'Organisation Todt a réussi à arracher brutalement à leurs activités quotidiennes seize mille jeunes gens qu'elle a déportés dans des camps de travail. En général, elle faisait sans cesse passer les jeunes d'un camp à l'autre, selon les besoins.

Faute d'un meilleur mot pour désigner ce processus, j'utiliserai à regret *conscription.* Une fois « conscrit » dans l'Organisation, on recevait une carte d'identité. Aucun salaire. Ils nous nourrissaient à peine, et pourtant, la vie dans ces camps était fantastique si on la comparait aux camps de travail destinés aux Juifs. Après une dure journée de travail, il nous restait à tous un peu d'énergie pour chanter, jouer de l'accordéon ou de l'harmonica, parfois même pour danser dans la salle commune que nos gardiens appelaient *Kulturhaus.* J'étais parfois avec de jeunes Polonais chrétiens, parfois avec des employeurs allemands, mais toujours esclave. J'évitais les contacts avec les autres travailleurs de peur d'être reconnue comme Juive. En conséquence, je jouais le rôle d'une personne timide, renfermée, tranquille, présente mais sans participer à aucune activité sociale. Un jour, assise sur un banc de la *Kulturhaus*, je m'absorbài dans l'état de ma « garde-robe ». Il n'y avait pas grand-chose à regarder. En fait, tout ce que je possédais était sur moi, en couches superposées, parce qu'il n'y avait pas de vestiaire, et que ce n'était pas un problème. Je possédais en tout et pour tout un chemisier blanc qui virait lentement au gris, une veste d'homme et une sorte de manteau pour femme de la *Luftwaffe.* La pièce la plus importante à examiner était mes bottes d'équitation, les seules chaussures que je possédais à l'époque. Comme j'avais toujours les pieds mouillés et froids, il était nécessaire d'examiner les semelles. Je portais des chaussettes multicolores, la variété des couleurs venant de l'extraordinaire assortiment de laines utilisées pour les repriser.

J'étais en train de les retirer quand les gens autour de moi ont manifesté une excitation soudaine. Un nouveau groupe arrivait. Ils criaient et riaient, parlaient dans toutes sortes de langues, faisaient connaissance avec nous. Quelqu'un annonça que c'étaient des étudiants en médecine mobilisés par l'Organisation qui venait de les rafler dans les rues de divers pays d'Europe.

Pendant que j'étais là, avec dans les mains mes bottes hors d'usage, je me rendis compte qu'il y avait un jeune homme devant moi, qui regardait aussi mes bottes et tendait la main vers elles. Surprise n'est pas exactement le mot pour décrire ce que je ressentis; c'était de l'anxiété. Allait-il prendre mes bottes? Il avait une paire de brodequins militaires au-dessus de l'épaule gauche et une paire de bottes aux pieds. « Que pouvait-il bien vouloir à mes bottes d'équitation? », pensai-je alors qu'il tenait l'une d'elles dans ses mains. Je me contentai de le regarder, il me sourit, indiqua les chaussures qui pendaient à ses épaules, et me montra avec un canif ce qu'il avait l'intention de faire. Il essayait de me dire qu'il voulait retirer les semelles de mes bottes et les remplacer par celles de sa paire de rechange. Je finis par comprendre. Il prit mes bottes et se présenta en italien : « Je m'appelle Mario. » Puis, d'un geste, il me demanda mon nom, à quoi je répondis : « Zofia ». C'était bien sûr mon nom d'emprunt, celui qui figurait sur ma carte d'identité de l'Organisation Todt.

Mario partit avec mes bottes. Aucune conversation n'était possible. Nous ne pouvions communiquer verbalement. Il régnait un grand brouhaha – des chants, des danses, des rires – que j'observais et auquel je prenais même plaisir. Du temps passa. Comme je restais assise sans participer, je n'avais pas idée du temps que mit Mario à revenir, mais il réapparut avec mes bottes soigneusement réparées. Pas un mot ne fut prononcé, seuls un regard et un sourire exprimèrent ma gratitude. Mario rejoignit la foule qui chantait et dansait tandis que je quittais doucement le hall, entrais dans le dortoir commun et trouvais une place au haut des lits superposés, qui avaient quatre étages. Je plaçai mes bottes chéries et ma jaquette sous ma tête comme oreiller et utilisai mon manteau comme couverture. Le dortoir froid, humide, chichement éclairé, était le cadet de mes soucis à ce moment précis.

Notre routine quotidienne était la suivante : lever à quatre heures du matin, puis appel dans la cour de la caserne, et travail sur les routes glaciales. Notre seule nourriture était un ersatz de café, du pain rassis et un bol ou deux de maigre soupe au chou. La vie à Wilhelmshafen était rude mais encore supportable et certainement incomparable aux effroyables « camps de concentration » ou « camps de la mort », où les gens, surtout des Juifs, étaient tués systématiquement. J'aimerais attirer l'attention sur le mot *exterminer*, communément employé, et faire une distinction entre les termes *tuer* et *exterminer*. À ma connaissance, à la guerre, les gens sont tués. Par contre, on extermine les rats, la vermine, les cafards et les autres parasites. La conception que les nazis avaient de nous (des « sous-hommes ») correspond au mot *extermination* qu'ils employaient. J'espère que les gens seront attentifs à cette différence et la respecteront. Je suis blessée aujourd'hui encore quand on utilise le terme *extermination*. Je frémis en pensant qu'avec ce terme, on fait référence à la mort de mon peuple, de mes parents bien-aimés et de ma famille.

Ni le dur travail, ni la maigre nourriture ne m'ont jamais dérangée. Ce qui me fait horreur aujourd'hui encore est la conduite des contremaîtres, individus corrompus, brutaux et grossiers qui collaboraient avec les autorités allemandes.

Un soir, alors que je m'installais sur ma couchette, j'entendis grincer la porte qui s'ouvrit lentement; suivirent de longs pas tranquilles, qui s'approchaient de la section de couchettes où j'étais. Mon cœur se mit à battre la chamade. J'avais peur que l'intrus ne soit un de ces contremaîtres qui forçaient les jeunes filles placées sous leurs ordres à leur céder. Le bruit courait qu'on ne pouvait pas faire grand-chose. Je retins ma respiration, fermai les yeux et restai immobile en espérant que, dans l'obscurité totale, on ne me reconnaîtrait pas et qu'on ne me ciblerait pas. Les pas s'approchèrent, montèrent l'échelle jusqu'au niveau de ma tête. J'entendais respirer et je sentis une légère caresse sur ma joue. Je ne donnai aucun signe de vie et j'entendis une voix : « Bella, bella, Zofia ! » Ce fut tout !

Il était évident que c'était Mario. Il disparut lentement dans l'obscurité et me laissa avec une impression indélébile, le souvenir profond d'une grande beauté au milieu de l'ordure.

IX

Après Varsovie

Cette histoire commence après le soulèvement de Varsovie qui provoqua l'évacuation de toute la population de Varsovie à Pruszkow, camp spécial de transit près de Varsovie. Je me retrouvai au milieu d'une foule d'évacués, dont mes derniers employeurs, pour qui je travaillais en tant que garde d'enfants. Ils furent très vite relâchés et firent route vers l'Allemagne. Tous les autres, y compris moi, devions rester dans le camp pour être classés par les officiers allemands assis aux nombreuses tables. Leur but était d'évaluer nos capacités pour divers travaux en Allemagne.

Je retrouvai dans la foule une voisine de mes employeurs, une pharmacienne qui, comme moi, attendait d'être « classée ». Ni elle ni moi ne voulions être expédiées en Allemagne. Tout en attendant, nous observions la procédure et nous remarquâmes que certaines personnes étaient relâchées et quittaient joyeusement le camp. Nous commençâmes à chercher la raison de leur libération. À notre grande surprise, nous apprîmes que les personnes gravement malades, celles qui avaient des handicaps physiques et mentaux ainsi que les femmes enceintes étaient automatiquement relâchées.

La pharmacienne et moi mîmes au point un petit plan, puisque nous n'avions rien à perdre et la liberté à gagner si tout se passait comme nous l'espérions. Nous nous examinâmes l'une l'autre d'un œil critique : je vis une femme très mince, presque émaciée, qui pourrait passer pour tuberculeuse; sa fatigue était un atout pour confirmer le prétendu diagnostic. Moi, par contre, j'étais rondelette. Selon son estimation, je pouvais réussir à être classée comme femme enceinte. Nous eûmes un petit rire et décidâmes que cela valait la peine d'essayer. Nous décidâmes aussi d'éviter de nous présenter à la même table par peur de pouffer de rire. Chacune de nous se dirigea donc vers une table différente où un petit comité comportant un médecin posa toutes les questions pertinentes. À un moment, je jetai un coup d'œil vers l'autre table et je vis que ma complice s'éloignait avec un grand sourire. Il me fallut un peu plus longtemps, on me posa quelques questions relatives à ma santé et on me laissa partir. Le plan avait marché !

Nous revînmes à pied à Varsovie et nous trouvâmes la ville abandonnée. Personne dans les rues, mais beaucoup de cadavres. Nous retournâmes dans l'appartement qui avait été laissé vide et ouvert. Je rassemblai quelques effets : ma jupe brune, une blouse de soie ivoire, une veste d'homme en laine grise laissée par mes employeurs, quelques sous-vêtements et mes bottes d'équitation.

Ensuite, nous nous mîmes en route pour le domaine familial de mes employeurs, à une cinquantaine de kilomètres de Varsovie. Nous « voyagions » à pied et, grâce à quelques fermiers, dans des carrioles. Nous arrivâmes au domaine de la famille Lubomirski que nous trouvâmes hospitalière et élégante. C'était une expérience incroyable ! La famille vivait sur un grand pied, comme s'il n'y avait pas de guerre. Les trois fils supervisaient les paysans travaillant sur leurs terres comme ils l'avaient toujours fait. Ce que je trouvais le plus incroyable, c'était l'habitude qu'avait toute la famille de se mettre en tenue de soirée pour le dîner, tous les soirs, alors qu'à une cinquantaine de kilomètres, il y avait une Varsovie en ruines. Il aurait été miraculeux que je continue à vivre là ; le destin me réservait un autre sort.

Un jour, un groupe d'une vingtaine de soldats allemands arriva et procéda à la réquisition d'une partie du domaine. Ils avaient l'ordre d'installer une clinique dentaire à l'usage des troupes allemandes. Ils permirent aux propriétaires et à leur famille de rester sur le domaine ; tous les autres devaient être évacués. La pharmacienne annonça qu'elle allait rejoindre sa famille. J'étais la seule personne qui ne faisait pas partie de la famille.

Le moment arriva de m'interroger. Mon anxiété crût rapidement. Je décidai de prétendre ne pas comprendre un mot d'allemand, alors que je le parlais couramment depuis ma plus tendre enfance. L'usage d'un interprète me donnait le temps de réfléchir soigneusement aux réponses que je donnais. Une étourderie pouvait me coûter la vie. Un chirurgien dentiste devait diriger la clinique. Il était présent à l'entrevue et parla immédiatement après. Il exprima son besoin d'un assistant qui serait « d'esprit et de toucher plus délicats que les gros balourds de soldats allemands ». Il me regarda sans savoir que je comprenais ce qu'il disait et demanda si j'étais disposée à prendre ce poste, au moins pour le moment. Il ne manqua pas de m'assurer qu'il était tout disposé à me former. J'attendis la traduction et j'acceptai aimablement de rester.

Quelques semaines plus tard, je fus évacuée avec l'ordre de rejoindre une centaine de Polonais, et je me retrouvai dans un train en direction de Poznań, une ville dans l'ouest de la Pologne, près de la frontière allemande. Plusieurs d'entre nous furent emmenés à l'aéroport et embarqués dans deux avions. Je parvins à me trouver dans un avion à moitié vide ; afin d'éviter tout contact avec le reste de la foule, je me trouvai une place tout au fond, m'allongeai sous un siège vide et y restai durant tout le vol. Sous le siège, je trouvai quelques pièces d'habillement, comme un manteau de la *Luftwaffe* bien usé et un petit chapeau. Je demandai si cela appartenait à quelqu'un, on me répondit que c'était abandonné depuis longtemps et on me permit de les emporter. À l'arrivée à Frankfort, portant bottes d'Équitation, manteau de la *Luftwaffe* et un petit chapeau, je ressemblais beaucoup à une jeune

Allemande et je ne trouvai pas difficile de quitter l'aéroport toute seule, à l'écart de la foule que je voulais éviter.

X

Vendue sur la place du marché

À ce moment-là, je devins l'une des esclaves de l'Organisation Todt. J'avais été à Wilhelmshafen, camp pour jeunes gens enlevés dans divers pays européens tels que la Pologne, la France, l'Italie, la Norvège et le Danemark dans le but de renforcer l'effort de guerre. J'avais été envoyée à Pütnitz, avant-poste militaire où la majorité des travailleurs étaient Allemands. Apparemment, j'étais la seule non-Allemande, la seule étrangère non payée, pour être exacte, la seule Polonaise. À l'époque, j'avais acquis de « l'expertise », si l'on ose appeler ainsi mes quelques semaines d'assistante dentaire en Pologne, dans le domaine Lubomirski, avant mon évacuation en Allemagne.

Jusque-là, je n'avais pas une idée juste du concept multiséculaire désignant l'achat et la vente de personnes dans le commerce d'esclaves. La gare de Brême, en Allemagne, m'enseigna rapidement la pratique et la réalité du concept. J'étais debout avec plusieurs autres jeunes, en rangs pour faciliter l'inspection et l'évaluation par les acheteurs potentiels. Les « vendeurs » faisaient le tour pour s'assurer que leur « marchandise » se tenait bien et, surtout, qu'il ne manquait personne. Chaque acheteur avait des demandes spécifiques et chaque esclave, un prix – détail qui n'était jamais révélé à la « marchandise ». Je n'y avais jamais pensé avant, pourtant, en écrivant, je me pose la question : « Est-ce que je valais cher? » Après tout, j'étais jeune, en bonne santé, séduisante, et possédait des qualités que l'on ne pouvait découvrir que grâce à une entrevue.

Un acheteur se présenta. Il regarda intensément les filles du groupe et s'arrêta devant moi, « *Sprichst du Deutch*? » (Parles-tu allemand?), a-t-il demandé avec le ton et la manière d'un homme traitant d'une affaire commerciale. Ma réaction fut le ressentiment et la colère. Pendant un bref moment, je fus courroucée et je m'indignai de la familiarité du *tu* qui exprimait sa supériorité et son droit de me manquer de respect. Si étrange que cela puisse paraître, je n'étais pas encore prête à abaisser mon statut à celui d'esclave soumise. Il n'était pas question que, dans mon interaction consciente avec un total étranger, je me conforme à sa perception de qui j'étais ou aurais dû être.

Cela m'était arrivé avant, durant la marche de la mort. Un soldat allemand m'avait jeté un chiffon très lourd et très sale, sur lequel j'avais trébuché. Je le lui avais renvoyé, au risque d'être fusillée. Je me demande ce qui le faisait marcher comme garde, « membre de la race des maîtres », sans pour autant me mettre à mort.

Sur le quai de la gare de Brême, je fus achetée par un homme. Nous marchâmes lentement vers sa demeure, un immeuble très chic. Je me rendis compte que c'était un officier supérieur allemand qui avait perdu un bras durant la guerre. Il me montra ma chambre ainsi que le reste de l'appartement. Je restai dans ma chambre et, comme je n'avais rien à déballer, je m'assis sur le lit pour me familiariser avec les lieux. Il ne me fallut pas longtemps pour voir qu'il n'y avait pas de clef à la porte de la chambre.

Presque au même moment, mon « propriétaire » ouvrit la porte. Il était en robe de chambre et souriait : juste pour me dire que je me plairais ici et qu'il me considérait comme une personne très agréable. Mes pensées à ce moment-là étaient très confuses. J'avais peur de ses intentions et j'étais impuissante devant cet intrus qui pénétrait illégalement ma vie très privée et menacée. Je pouvais éviter l'intrusion en admettant que j'étais Juive et rester à l'abri puisque, pour un Allemand de l'époque, tout contact sexuel avec une Juive était considéré comme « *Rassenschande* » (souillure de la race), ce qui provoquait la mort immédiate. Si je décidais de me soumettre, je mourrais de honte et de dégoût.

Incroyablement, à ce moment précis, les sirènes de raid aérien se mirent à hurler. Je me levai rapidement, aidai mon « propriétaire » à s'habiller et nous nous joignîmes vite à la foule qui se rassemblait dans l'abri souterrain. Les sirènes continuaient, ce qui me donna le temps de prendre la décision de m'échapper de l'abri, de courir vers la gare et de disparaître. C'était peut-être une opération risquée, mais je n'envisageais pas de solution de rechange. Je n'étais pas assez maligne pour avoir des choix. Quoi que je fasse, cela serait et continuerait d'être risqué.

Je dis à mon « maître » que je devais d'urgence aller aux toilettes et je me frayai un passage à travers la foule du bunker. Je me rappelais le chemin vers la gare grâce au trajet fait avec mon « propriétaire » et je courus de toutes mes forces sans même regarder derrière moi. Courant à travers les rues désertes, j'atteignis rapidement la gare sans difficulté. Les sirènes continuaient à hurler.

Je passai rapidement ma carte de l'Organisation Todt devant le guichet en cachant ce qui était imprimé au dos et je criai que je devais prendre le train qui attendait sur le quai. Personne ne m'arrêta. Le train se mit en route et je découvris qu'il était plein de soldats allemands, sans un seul passager civil.

J'étais horrifiée. Que pouvait bien venir faire un civil dans un train militaire ? J'avais peur de prendre un siège au cas où quelqu'un entamerait une conversation. Je décidai de bouger sans arrêt, comme si j'accomplissais une tâche spécifique exigeant que j'aille jusqu'au compartiment de queue et que je retourne dans celui de tête. Le train était plein. Les banquettes et les couloirs étaient occupés par des soldats pressés les uns contre les autres. J'étais cachée en pleine vue, me déplaçant en disant « *Entschuldigen Sie bitte* », ce qui signifie « Excusez-moi, s'il vous plaît ! Excusez-moi, s'il vous plaît ! » Je répétais cela tous les deux ou trois mètres afin de pouvoir passer. Le train s'arrêta finalement à une certaine distance d'une gare en Westphalie. L'endroit s'appelait Altenhundem. C'était le premier arrêt depuis Brême. Je descendis du train, remarquai un gros rocher, derrière lequel je m'assis dans l'herbe et attendis que le train reparte. Je restai là, assise à l'abri des regards ; avec la main, je creusai un trou assez grand pour y enfouir ma carte d'identité de l'Organisation Todt.

Bien des années plus tard, je suis revenue au même endroit, en 1985, avec mon mari. La carte d'identité, bien entendu, n'y était plus. Je me suis demandé malicieusement qui pouvait bien l'avoir prise. Nous nous sommes regardés, avons regardé le paysage et éclaté d'un rire heureux, plein de joie.

XI

Je savais qui j'étais

Je me trouvais en Allemagne, à Kirchhundem, un village près d'Altenhundem, toujours sous une identité d'emprunt ; je travaillais dans une famille, fréquentais l'église avec la famille et faisais des erreurs potentiellement dangereuses dans l'observance des rituels catholiques. L'une de ces observances, qui aurait pu me coûter la vie, fut mon ignorance de la procédure de la communion. Nous approchions du prêtre en formant la ligne habituelle pour recevoir l'hostie sur la langue. On ne me la donna pas! Personne ne fit de remarque jusqu'à ce que nous soyons sortis de l'église. Sur le chemin de la maison, curieuse, la dame chez qui je travaillais me demanda : « Pourquoi n'avez-vous pas retiré vos gants quand le prêtre s'est approché pour vous donner la communion? » « Oh... c'est pour cela que je n'ai pas reçu la communion! ai-je répondu. Eh bien, c'est comme ça qu'on fait en Pologne, là d'où je viens; nous essayons toujours d'être le plus élégants possible et mes gants sont le seul élément que je considère comme plus élégant que le reste de ma personne. Mes mains ne sont vraiment pas assez soignées. » Nous avons tous ri et je les assurai que cela ne se reproduirait pas.

Plus tard, les troupes américaines débarquèrent et je n'eus plus à me soucier d'aller à l'église. Je continuai à travailler et évitai toute remarque sur les signes possibles de la fin de la guerre, jusqu'à ce que, quelques semaines plus tard, les troupes britanniques remplacent les troupes américaines et établissent le Centre d'entraînement de la BAOR (Armée britannique du Rhin) à Bad Lippspringe.

Il m'était difficile de m'habituer à l'idée que je n'avais plus besoin d'avoir peur. Je ne pouvais pas exprimer ce que je pensais des changements qui se produisaient ni manifester le plaisir qu'ils me faisaient. Mes employeurs allemands étaient anxieux, se refusaient à reconnaître ne serait-ce que la possibilité d'une défaite allemande et je respectais leur attitude.

Un jour, les Britanniques annoncèrent qu'ils invitaient toutes les DP (personnes déplacées) des environs à venir recevoir leurs salutations et une bouteille de vin par personne, fournie par la cave locale. Toutes les DP accoururent, moi comprise. La foule et la bousculade étaient abominables. Tout le monde s'en allait gaîment avec sa bouteille. Tout le monde, sauf moi. J'étais là, dans l'entrée d'un hall immense, choquée et étonnée qu'il n'y ait plus de bouteilles. Pas même une seule bouteille pour moi! Tandis que je restais plantée là, je me dis, en moi-même, mais de toute évidence assez fort pour qu'on m'entende : « Et je suis devenue rien du tout? » Bien sûr, je voulais dire que je n'avais rien obtenu. Mon anglais était insuffisant, ce qui m'avait amenée à utiliser le mot allemand *bekommen* pour dire *to get*, obtenir. Venue de nulle part, de l'autre bout de l'immense hall, une question retentit clairement : « Et que vouliez-vous devenir? » La voix fut suivie par un officier souriant qui s'approcha de moi, embarrassée par mon erreur et incapable de la corriger, je demandais les services d'un interprète. Et de fait, un interprète était disponible. Nous nous assîmes tous les trois. Les deux

Britanniques commencèrent à s'enquérir de moi. Quand je les informai que j'étais Juive, l'officier chuchota, presque dans un souffle : « Gardez ça pour vous. Nous ne savons pas encore où nous en sommes » et continua à me poser des questions, pour finir par celle-ci, la plus merveilleuse et la plus inattendue : « Combien de temps pensez-vous qu'il vous faudrait pour améliorer votre anglais ? » J'étais sidérée. Comment le savoir ? Je n'avais que des rudiments scolaires d'anglais, mais je parlais couramment l'allemand, le russe et le polonais. Avant réussir à répondre et à exprimer mes doutes sur ma capacité d'améliorer mon anglais dans l'absolu, l'officier me dit tranquillement : « Je vous donne un mois. Où vivez-vous ? » Ils me dirent qu'ils viendraient me chercher dans un mois, à 16 h, un certain jour. « Nous serons dans une Mercedes noire, nous passerons devant chez vous et nous nous arrêterons un peu plus loin afin de ne pas trop attirer l'attention sur nous ou sur vous qu'on verrait monter dans une voiture avec des soldats britanniques. »

Il était difficile de croire même qu'ils se souviendraient de moi un mois plus tard. Je me mis à travailler fébrilement à l'amélioration de mon anglais avec une jeune Allemande qui se remarquait par un bandeau noir sur un œil, qu'elle avait perdu pendant la guerre. Nous avions des leçons chaque fois que nous étions toutes deux libres. Une autre de ses caractéristiques qui devint évidente était sa patience extraordinaire et la gentillesse dont elle faisait preuve en se consacrant ainsi à mon apprentissage. Elle s'appelait Gertrud Behle.

Ma seconde ressource éducative était un groupe de soldats qui gardaient le cellier. J'entamais avec eux des conversations très simples, et ils offraient de corriger mon vocabulaire et ma grammaire de même que ma prononciation. C'était amusant de « converser » avec eux. Ils utilisaient un anglais peu sophistiqué et employaient des expressions comme « *bloody* » (foutu) ou « *damn* » (merde), que je ne savais pas distinguer d'autres mots peu convenables, mais cela semblait sans importance à ce point de ma « carrière »... Enfin, c'est ce que je croyais.

Un jour, j'étais interprète à une conférence de représentants qui discutaient de la contribution et de la distribution de nourriture aux DP, ainsi que des besoins de la population allemande. En cette occasion, je traduisais du russe en anglais. J'étais assise entre un officier russe à ma droite et un officier anglais à ma gauche. Je me tournai vers l'officier anglais et dis en toute innocence : « Le foutu capitaine russe dit... » À ma grande surprise, le capitaine anglais eut un sursaut horrifié, « Sophie ! » À ce moment-là, je compris ma gaffe. Tous, moi comprise, éclatâmes d'un rire spontané quand ils me virent le rouge au front. Grâce au sens de l'humour de l'Armée britannique, cet incident particulier ne mit pas en péril ma « carrière ».

Comme promis, la Mercedes arriva à 16 h au jour convenu. Il ne fut pas difficile de monter dans la voiture sans attirer l'attention des voisins. Nous nous mîmes à bavarder dans la voiture, surtout de petits riens, mais assez pour évaluer ma compétence en anglais. Nous fûmes rejoints par un autre officier à notre arrivée au centre militaire. Le résultat fut très positif : ils m'invitèrent à les accompagner dans différentes réunions qui impliquaient des trajets dans des chars avec de fréquentes traductions en allemand, en polonais et en russe. On me demanda de quitter mes employeurs et d'aller vivre avec une famille allemande dans leur belle maison. Cela me parut incroyable, presque surréel, quand les militaires britanniques m'informèrent que les propriétaires de la maison allemande évacueraient le rez-de-chaussée, s'installeraient à l'étage et veilleraient à tout pour moi ! Ils feraient le ménage, la cuisine, la lessive et s'assureraient de mon confort et de ma tranquillité.

À mon grand plaisir, je remarquai un piano qui me promettait un retour à la normale. Ma première pensée fut d'engager un professeur de piano et de continuer le processus de guérison émotionnelle. Je devais m'accrocher à quelque chose de positif et de créatif. Abandonnant ma peur d'un châtiment immédiat pour le fait d'être Juive, j'avais besoin de ressusciter certaines de mes activités créatrices qui avaient été cachées et refoulées – le tout pour essayer de masquer qui j'étais. Pourtant, au cours de cette longue période, je n'ai jamais oublié qui j'étais ! Tout n'était qu'un rôle soigneusement et minutieusement joué. Il semblait difficile d'ignorer les situations dans lesquelles je risquais d'être prise « la main dans le sac », les activités qui me démasqueraient comme fausse bonne à tout faire, fausse femme de ménage, fausse garde d'enfants, etc.

Ainsi, par exemple, un matin à Varsovie, alors que mes employeurs étaient sortis, je rangeais et nettoyais le salon qui abritait un beau piano à queue. Le fait que j'étais diplômée du conservatoire ne pouvait pas être dévoilé, fût-ce à moi-même – mais ce jour-là, je fus incapable de résister à la tentation et je jouai jusqu'au moment où j'entendis la clef dans la serrure de la porte d'entrée ; je refermai le piano aussi vite que possible et remis l'aspirateur en marche. À ce moment précis, le couple entra et l'homme remarqua : « Il y avait quelqu'un qui jouait bien du piano quand nous montions les escaliers, vous avez entendu ? » Il y avait plusieurs appartements dans l'immeuble, décrit comme *kamienica* en polonais, ce qui veut dire « bâtiment de pierre ». Étant donné qu'il y avait d'autres appartements très proches, sans le dire directement, je sous-entendis que c'était une explication possible et je répondis en faisant l'innocente : « Oh, j'ai eu l'impression d'entendre quelque chose, mais il fallait que je continue à passer l'aspirateur. » Prenant garde de ne pas avoir l'air intéressée, j'ajoutai : « D'où venait la musique ? » Je persiste à croire qu'il m'a peut-être soupçonnée, mais ne l'a jamais montré.

Un autre danger est venu d'une tâche simple, assignée par ma patronne, qui était de lui choisir des livres à la bibliothèque. J'avais un réel plaisir à le faire et je choisissais des livres que j'aurais aimé lire. Un jour, elle a montré de l'irritation et de la frustration devant mes choix, et j'avais ma réponse : « C'est la bibliothécaire qui me les a donnés, quand je lui ai dit que les livres étaient pour ma patronne. » Elle a voulu me croire : c'était flatteur pour elle ; néanmoins, elle est désormais allée en personne à la bibliothèque.

Ces occasions restent un souvenir dont on veut rire aujourd'hui. La liberté était toute proche, mais on m'avertissait encore de garder secrète mon identité. Ce fut une période intéressante. Tous les jours, nous nous déplacions en char, examinant la campagne, visitant des bâtiments et des bureaux administratifs, surtout ceux qui étaient essentiels pour établir des contacts avec les autorités locales allemandes, le *Bürgermeister*; ma capacité de parler la langue était utile et j'apparaissais moins menaçante, puisque j'étais une civile qui ne représentait pas l'autorité d'occupation. Nous prenions également soin de contacter les camps de personnes déplacées des villages voisins, engagions la conversation avec elles, offrions notre aide pour communiquer chaque fois que cela était possible. Dans mon cas, surtout, j'avais la possibilité de trouver des survivants; j'espérais trouver un membre de ma famille, un ami, un autre Juif.

Un jour, on m'a présentée à un capitaine britannique qui était un médecin juif. Il se trouve que c'était le premier Juif que je rencontrais après la guerre. Mon émotion était si intense que je lui baisai spontanément la main. Sur quoi je l'entendis dire : « Êtes-vous sûre de ne pas avoir de maladie vénérienne ? » Je le regardai sans rien répondre ! D'accord, il manquait de tact, mais il était bien renseigné sur certains des traitements les plus inhumains que les Juives avaient dû endurer. Les autorités allemandes avaient assuré la satisfaction des besoins sexuels de leurs troupes en leur fournissant de très jeunes filles juives, jolies et innocentes, forcées à la prostitution. Leur salaire ?... Un avilissement encore pire, une peur de la mort accrue quand elles étaient jugées inadéquates par leurs « utilisateurs » et, à la longue, des maladies vénériennes, la mort sous les coups de fouet ou, quand c'était possible, le suicide.

Quand j'y repense aujourd'hui, en écrivant, je me demande comment l'idéologie nazie se débrouillait avec son concept philosophique de « *Rassenschande* ». L'esprit malade d'Hitler n'était pas capable de percevoir la vérité tragique : en voulant faire des Allemands la « *Herrenrasse* », une race d'élite, supérieure, il les faisait vivre au plus bas degré d'intégrité, voire sans aucune intégrité, dans tous les domaines de la vie, certainement à un degré sous-humain.

À la différence d'Hitler, pour qui une mésange n'est qu'une mésange, je suis incapable de faire des comparaisons entre les différentes espèces animales, étant donné mon ignorance dans ce domaine.

XII

Bad Lippspringe

Le centre de formation de la BAOR (Armée britannique du Rhin) était opérationnel. J'accomplissais des travaux divers, comme interprète judiciaire ou encore en relations humaines avec les personnel Allemand. J'avais vingt-deux ans tout rond et aucune des qualifications qui auraient pu être nécessaires pour m'acquitter correctement de mes fonctions. Tout ce que j'avais était l'espoir que, vaille que vaille, j'apprendrais « sur le tas ».

C'était incroyable pour moi de commencer une vie normale, d'avoir mon propre bureau, mon propre travail, des responsabilités et des gens dont le sort dépendait de mes actes. C'était formidable ! J'étais heureuse d'être en vie ! Je commençai à fréquenter la population locale et me liai avec quelques personnes. À ma grande surprise, je n'éprouvais pas de colère et ne cherchais pas à éviter ou à ignorer les gens qui avaient été formés et endoctrinés par l'idéologie de leur supériorité raciale. À l'occasion, on m'informait des difficultés qu'avaient certaines familles allemandes. Je comprenais que c'était mon devoir et mon privilège de les aider.

Ce qui me laisse aujourd'hui perplexe, c'est ma capacité d'ignorer la perte de tout et de tous ceux que j'aimais : mes parents, ma famille, mes amis et les proches, ma maison. Je ne pouvais jamais pleurer ouvertement la perte de mes propres activités passées, de mes plaisirs, de l'expression de mes pensées ou même de mon sens de l'humour. Il n'y avait qu'un grand vide, du moins en apparence. Je ne pleurais jamais. Je ne me plongeais jamais dans mes souvenirs. Je n'étais jamais nostalgique ou même déprimée. Sans doute avais-je décidé d'investir mon énergie dans la construction de l'avenir. Essentiellement, il n'y avait personne sur qui je pusse m'appuyer. Pendant des années, ma judéité a dû rester cachée – mais mes traits, ma pensée, ma philosophie de la vie revenaient à la surface. Les valeurs qu'on m'avait inculquées et tout ce qu'on m'avait appris à la maison me servirent de guide (boussole morale) pour une grande part de ma conduite. Elles constituaient la base de ce que j'estimais devoir faire ou éviter. Je me rappelle un petit distique écrit par ma mère dans un journal ou ce qui était peut-être un recueil de pensées. Le voici, traduit du polonais :

Si tu veux être heureuse et voir un miracle
Reste une fille fidèle au modèle juif.

ZBIGNIEW JASINSKI

1948

Une autre pensée exprime une approche aimable des difficultés de la vie :

> *Mieux vaut se souvenir constamment de ce qu'on a que de soupirer après ce qu'on a perdu.*

En ce qui concerne le principe du partage, généralement encouragé, j'ai appris à donner de telle manière que le destinataire du don ait le sentiment de me faire une faveur en l'acceptant.

Un épisode illustrant cela se déroula pendant que nous étions dans le ghetto de Lvov. Nous étions totalement à bout de ressources financières et matérielles. Une de mes amies d'école arriva dans notre chambre avec très peu de vêtements sur le dos. Elle avait faim et était extrêmement triste. Elle nous raconta que ses parents venaient d'être emmenés quelques jours avant. Je n'oublierai jamais cette scène. Ce fut une tragédie qui se répéta beaucoup trop souvent pour nous tous. Pendant qu'elle parlait, je préparais le petit repas et ma mère étalait ma garde-robe – si on peut utiliser ce mot pour désigner mes pauvres nippes. Elle en fit deux piles et offrit l'une d'elles à mon amie. Ma mère s'assura que certains vêtements lui allaient et exprima son plaisir de voir que c'était le cas.

Ce soir-là, une fois que nous fûmes seules, je reprochai à ma mère d'avoir donné à mon amie les plus beaux vêtements, alors qu'il ne me restait que les vieilleries. La réponse de ma mère résonne encore dans ma mémoire. Elle me dit, les larmes aux yeux toutefois : « Cette pauvre fille n'a rien. Il ne lui reste personne dans la vie. Tu voudrais qu'elle se sente comme une mendiante en plus d'avoir faim, froid et d'être toute seule ? Tu m'as encore ! J'espère que tu te souviendras toujours de cette leçon et que tu apprendras à estimer qu'elle t'a fait une faveur en recevant tes vêtements. »

Une autre fois, je m'opposai à partager ce que nous avions alors que personne ne nous rendait la pareille. J'ai appris une belle leçon quand j'ai entendu ma mère dire : « Nous ne donnons pas pour que quelqu'un nous rende la pareille. Espérons qu'ils partageront avec quelqu'un d'autre qui en aura besoin autant ou plus que nous. »

Ma famille croyait à la valeur de l'éducation. Aucune richesse n'éblouissait mes parents. Tout au long de ma jeunesse, on m'a rappelé que personne ne peut nous priver de ce que nous avons appris ou de ce que nous sommes. Le savoir est la seule clef de l'indépendance et du pouvoir spirituel, prêt à être partagé et utilisé pour un monde qui a constamment besoin de réparations. Je me souviens bien de cela.

Le moment arriva de planifier mon avenir. J'envisageai de nombreuses façons d'étudier et de travailler, mais plus que tout, il me fallait être celle que j'étais destinée à être et ne plus avoir besoin de jouer la comédie ou de craindre d'être démasquée. J'aurais pu entrer dans n'importe quelle université et faculté d'Allemagne, mais en étudiant les possibilités, je choisis une voie qui me permettait d'abandonner toute trace d'inauthenticité, d'être totalement honnête, comme je le désirais : plus de rôle à jouer, plus de manœuvres pour m'adapter à une société qui nous était, à mon peuple et à moi-même, étrangère et hostile. La pensée me vint que l'éducation était plus que l'instruction menant à une profession. Je me demandais comment un peuple qui assassinait mon peuple, sans opposition de la part de leurs compatriotes, particulièrement de ceux qui détenaient des grades universitaires, pouvait bien éduquer qui que ce soit ! Ce genre de réflexion me détourna du choix de rester en Allemagne, d'y obtenir une aide financière ou d'y étudier.

C'est par un heureux hasard que mes plans se formulèrent et débouchèrent sur une vie riche de sens. Un jour, je déjeunais au mess des officiers du Centre de formation de la BAOR quand, par hasard, je jetai un coup d'œil à un magazine féminin populaire, qui m'intéressait à cause des photos de mode et des publicités, sans parler de la description de la vie contemporaine en Angleterre. Une publicité accrocha mon regard : « Faites une formation d'infirmière. Écrivez sans engagement au ministère de la Santé, Londres, SW1 Angleterre. »

J'écrivis aussitôt et j'attendis la réponse avec impatience. Plusieurs semaines passèrent sans aucune réponse, mais je n'abandonnais pas l'espoir d'en recevoir une un jour. Je me préparais mentalement à devenir infirmière. Cela m'aiderait, présumais-je, à éviter les situations gênantes pendant la période d'acculturation à un monde étranger. En tant qu'infirmière, j'étudierais, j'aurais un endroit où vivre et la possibilité de servir ceux qui avaient besoin d'une aide compatissante, que j'offrirais sans condition. Surtout, j'espérais que ce genre de service authentique me permettrait d'être moi-même et de diminuer l'anxiété de jouer un rôle.

Au même moment, je découvris qu'on était en train de construire un petit hôpital destiné exclusivement aux familles britanniques venues rejoindre leurs fils et leurs maris qui servaient en Allemagne à l'intérieur des paramètres du Centre de formation de la BAOR. Je me dis qu'il serait avisé de me familiariser avec les coutumes, la terminologie, les hiérarchies d'un hôpital avant de commencer mes études officielles en Angleterre. J'osai rendre visite à l'hôpital pour offrir mes services. On m'accueillit à bras ouverts. Il n'y avait que deux infirmières de garde, ce qui limitait leur possibilité de dormir, de se reposer ou simplement de sortir si elles en avaient envie. Elles acceptèrent mon offre avec enthousiasme. Je pris un mois de congé du Centre de formation de la BAOR et je commençai les gardes de nuit quelques jours plus tard.

Mon premier soir de garde, une jeune Anglaise qui avait eu la mâchoire cassée dans un accident de voiture fut transférée d'un autre hôpital. Elle était consciente et nécessitait des soins attentifs. Comme sa mâchoire était immobilisée, elle ne pouvait ni parler, ni manger ni même boire sans une aide diligente. Ma tâche fut de m'occuper d'elle, sous supervision, bien sûr. Plusieurs jours plus tard, elle commença à parler entre ses dents serrées parce que sa mâchoire était encore maintenue par des fils de fer. Sa première question fut directe, dictée par sa curiosité sur mon rôle dans les soins étant donné que je n'avais ni uniforme, ni épinglette m'identifiant entant que « professionnelle ». « Qui êtes-vous, demanda-t-elle, en dépit de sa mâchoire bloquée. Et que faites-vous ici ? » Je fus heureuse d'entendre sa voix et contente de lui répondre brièvement que je voulais devenir infirmière et en soulignant que j'attendais une réponse du ministère britannique de la Santé à ma candidature en formation infirmière. Dans mes rêves les plus fous, je n'aurais pas imaginé qu'elle s'exclamerait : « Pas étonnant ! Votre lettre est sûrement sur mon bureau à Londres ! » Elle me demanda mon nom. Nous ne reprîmes pas le sujet.

Quelques jours plus tard, je regagnai mon bureau au Centre de formation de la BAOR. La dame anglaise sortit de l'hôpital. Cela prit environ trois semaines. Quand arriva ma lettre d'admission en tant qu'élève-infirmière dans le très moderne hôpital Saint-Hélier, à Carshalton, Surrey, Angleterre, j'entamai des préparatifs fiévreux pour mon voyage vers une profession, un beau pays, un environnement normal et un chemin vers l'avenir que j'espérais construire.

XIII

L'Angleterre

Il ne me fallut pas longtemps pour me souvenir de mon passage, en bateau et en train, jusqu'à Londres.

Il semble que j'aie réussi à faire mes plans et mes préparatifs pour ce que je considérais comme une vie normale, cultivée. Les éléments importants, c'est-à-dire un toit au-dessus de ma tête, l'assurance d'un environnement sain, d'une école, l'espoir d'entrer dans une profession respectée et admirée, considérée comme une vocation, me

ZBIGNIEW JASINSKI

1947

donnaient confiance et me faisaient espérer la réussite, à l'exception d'un point très important : j'étais toujours Zofia Wolanowska, jeune Polonaise catholique, selon le document en ma possession, et je me demandais quoi faire à ce sujet. Il était difficile de quitter un déguisement qui, jusque-là, m'avait aidée à éviter la discrimination, et me permettrait peut-être de terminer mes études sans interruption. Plus que tout, j'espérais établir une relation directe et très honnête avec les autres êtres humains par l'intermédiaire des services que je leur rendrais, sans me sentir menacée.

Le fait de ne pas pouvoir continuer mes études en tant que Juive était gravé dans ma mémoire. Cette anxiété était une conséquence prévisible de mes expériences de guerre.

1948

Je décidai de continuer aussi longtemps que nécessaire sans changer mes données personnelles, puisque je ne connaissais pas l'attitude et la législation des institutions britanniques.

C'était le printemps 1947. Apparemment, il n'y avait pas de difficultés majeures à être élève-infirmière. Si stupide que cela paraisse, j'étais irritée par le niveau de mon équipe et j'étais incapable d'avoir avec elle les relations qu'on attendait de moi. Malgré cela, tout le monde était poli, gentil, plein de tact, tout en restant distant. Il était reposant de découvrir que l'indiscrétion ne faisait pas partie du caractère britannique. Personne ne posait de questions personnelles. Mes études se passaient bien.

Accueillante, favorisant l'épanouissement, l'Angleterre, comme les Anglais, me permettait de me sentir normale et libre pour la première fois depuis de nombreuses années. Je leur serai toujours reconnaissante de la liberté que j'ai ressentie.

Le seul problème que j'avais était lié au règlement de mon hôpital qui interdisait aux élèves-infirmières d'occuper leur chambre pendant les vacances. Tout le monde sauf moi pouvait retourner chez soi, alors que pour des raisons évidentes, je devais trouver une autre solution. Il n'y avait pas place à la discussion et pas d'exception à la règle. Je devais trouver du travail, tâche difficile quand on a des vacances courtes et qu'on ne peut faire de permanence. J'ai en général pu remplir le rôle d'aide familiale pour une mère ou d'aidante pour les personnes âgées, ce qui permettait aux familles de se reposer sans perturber l'ordre et la routine quotidienne.

La vie était satisfaisante. Il n'y eut pas de bouleversements particuliers. Je n'avais pas le temps de me plonger dans mes souvenirs ou de m'apitoyer sur moi-même. J'étais contente de vivre, j'aimais la vie, pourtant, je continuais à me sentir mal à l'aise de cacher mon identité, comme si je vivais derrière un masque et que je craignais de le retirer. Le destin préparait une scène, qui n'aurait pas pu être mieux chorégraphiée, pour me retirer mon masque et me laisser affronter le monde avec courage, prête à exprimer une réalité ancienne.

Cela se passa en 1951. À l'époque, j'avais fini ma formation d'infirmière et de sage-femme. Un jour, j'étais assise avec des infirmières, des médecins et des étudiants, et je me détendais en buvant une tasse de thé lorsqu'inopinément, quelqu'un déclara :

« – Quel dommage qu'Hitler n'ait pas tué tous les Juifs. »

À ma grande stupéfaction, personne ne réagit... jusqu'au moment où j'ai regardé droit dans les yeux la personne qui avait parlé en demandant très lentement :
« – Pourquoi pensez-vous que cela aurait été une bonne chose ? »

La réponse fusa, convaincante :
« – Parce que les Juifs sont un tas de paresseux. Ils veulent seulement être médecins, avocats, comptables : vous avez déjà rencontré une infirmière juive ?

– Vous en avez une devant vous, ai-je répondu lentement, d'un ton neutre. »

Personne ne bougea. Personne ne parla. Je poursuivis en les invitant tous dans ma chambre. Nous nous arrêtâmes à la porte qui portait mon nom : Zofia Wolanowska. J'enlevai la carte, la retournai et écrivis : Gertruda Osterman !

ZBIGNIEW JASINSKI

1950

Le reste de l'histoire est sans importance. Finalement, je suis restée là, souriante, le masque désintégré. Il était parti, volatilisé. Je voudrais que nous puissions affirmer avec conviction que la fin de la Seconde Guerre mondiale a appris aux gens à se traiter les uns les autres avec amour, le genre d'amour qui implique l'attention et la sensibilité aux besoins de chacun, la connaissance de l'autre et, pardessus tout, mais pas seulement, le respect dû à tous pour cette seule raison : nous sommes tous, sans exception, les enfants d'un Dieu tout-puissant. Je vois du danger à enterrer l'humanité et les valeurs qui y sont inhérentes. Il est bien connu que ce que les Juifs ont enduré est né de la haine, de l'indifférence et d'une lamentable ignorance des leçons de notre histoire. Je suis trop souvent choquée par l'ignorance de la Shoah, qui se caractérisait par une inversion du code moral généralement admis et de ses conséquences, exprimées par le mot hébreu *Shoah*, qui signifie « destruction ». J'aimerais croire que l'expérience juive s'est caractérisée, dans l'histoire, par une certaine noblesse et beaucoup de tragédies. Depuis la première chute de Jérusalem et dans des cultures variées du monde, nous avons enduré beaucoup de racisme et d'ostracisme… au milieu d'une grande indifférence générale de la part des masses qui observaient.

Peut-on considérer comme un coup de chance extraordinaire, un avantage accidentel ou un cadeau du destin le fait que, pour beaucoup, moi comprise, l'identité de membres d'une nation, avec son monothéisme particulier, a continué d'exister ?

En écrivant ces histoires où moi, une Juive, je joue un rôle, je me répète sans cesse une chose importante : nous étions nombreux à lutter pour notre propre vie, à espérer qu'il y aurait un jour un monde meilleur. Peut-on espérer que ceux d'entre nous qui sont devenus des éducateurs, des chefs spirituels, des professionnels de la santé, des hommes et des femmes politiques ont le pouvoir d'arrêter ou mieux de prévenir la haine irrationnelle? Peut-être, si nous nous fions au pouvoir qu'a la vérité de mettre en fuite le mensonge et la distorsion, la manipulation, le déni et l'omission des faits historiques. La vérité pure doit être accessible et, bien sûr, reconnue.

XIV

L'ermite

C'était un beau matin d'octobre 1942. Nous étions dans le ghetto de Lvov. Mon père n'était plus avec nous. C'étaient ma mère et moi qui avions été chassées de notre maison et qui avions rejoint une foule d'autres Juifs dans une pièce bondée, inconfortable. La loi de l'occupation allemande, à ce moment-là, nous forçait à porter un brassard blanc avec une étoile de David bleue. Nos cartes d'identité portaient un grand J pour « Juif », ce qui nous distinguait, où que nous soyons.

Ce matin-là, je décidai d'apporter un peu de nourriture aux équipes de travail qui avaient été envoyées par le Camp de concentration Janowska. Elles travaillaient dans divers endroits de la ville, sous la stricte supervision des gardiens du camp de concentration. Je laissai dans le ghetto ma carte d'identité et mon brassard, pièce importante de ma garde-robe, et j'osai enfreindre la loi qui nous marquait comme Juifs, afin de me déplacer librement à travers la ville, à la recherche de ces unités. Je portais un panier de pique-nique qui appartenait à ma mère. À l'intérieur, il y avait de précieuses bribes de nourriture que j'avais recueillis parmi les amis et les voisins du ghetto. La nourriture, quelle qu'elle soit, était douloureusement rare ! Les Juifs n'avaient pas de cartes de rationnement comme les autres Polonais.

Quand j'étais petite, je possédais mon propre panier de pique-nique, une réplique en miniature de celui de ma mère. Je l'emportais fièrement chaque fois que j'allais visiter les pauvres avec ma mère pour leur distribuer de la nourriture et des vêtements dans les quartiers défavorisés de la ville. Mais ce jour-là, en ce beau matin d'octobre en Pologne, je m'embarquais pour ma propre mission, une mission de charité d'un genre bien différent. Nous savions que le camp de concentration de Janowska était situé non loin du centre de la ville et que de nombreux Juifs y étaient incarcérés.

Nous étions presque certains que mon jeune cousin Joël se trouvait parmi eux. Le bruit courait que des groupes d'internés du camp étaient conduits tous les jours dans les collines à la périphérie de la ville pour y exécuter des travaux forcés. Mon but était de trouver un de ces groupes de travail et de parvenir à lui faire passer un peu de la maigre nourriture recueillie pour lui. Il m'était impossible d'approcher directement les groupes, mais j'avais l'espoir, que si je laissais la nourriture le long de la route, ils la trouveraient.

C'était un exploit dangereux. Je savais que si on m'avait prise en train de donner de la nourriture aux prisonniers, j'aurais été arrêtée, emprisonnée ou tuée. Je marchai un moment vers les collines, sans la moindre idée de l'endroit où je trouverais les prisonniers. Soudain, je remarquai au loin une petite hutte. En m'approchant, je vis une chèvre, un petit chien et des seaux d'eau posés sur le sol. C'était une indication que quelqu'un vivait là. Juste à ce moment-là, un vieil homme sortit de la hutte. Je m'approchai de lui en pensant que c'était peut-être un ermite.

« – Bon après-midi, lui dis-je poliment.

– Ne dis pas cela, répondit-il. Dis : “Dieu soit avec vous.”

– Dieu soit avec vous, répétai-je. Puis je demandai : Auriez-vous par hasard vu un groupe de travail dans les environs ? Il est possible qu'ils travaillent ici dans la campagne.

– Oui, répondit-il. Je les ai vus. Mais il te faut grimper plus haut. Je les ai vus passer, tôt ce matin, et je ne les ai pas vus revenir.

– Merci. Merci beaucoup, dis-je.

– Ne me remercie pas. Dis : “Dieu vous le rende.”

– Dieu vous le rende, répétai-je. »

Comme je partais, il me demanda de revenir le voir sur le chemin du retour. Je le lui promis : sa hutte me servirait de point de repère !

Je continuai à grimper jusqu'à ce que j'aperçoive un groupe de travail. Alors, je vidai mon panier et posai les petits paquets de nourriture sur le sol, à côté du sentier qu'il allait sans doute prendre. Mon espoir était que les prisonniers soient les premiers à voir la nourriture et en aient au moins quelques bouchées. Les pensées se bousculaient dans ma tête : si les gardes voyaient la nourriture en premier, les hommes n'obtiendraient probablement rien. Ce n'était pas que les gardes avaient besoin de plus de nourriture, mais que, selon toute probabilité, ils auraient grand plaisir à la jeter hors de portée des hommes affamés.

En redescendant, je m'arrêtai de nouveau à la hutte et dis au vieil homme :

« – Eh bien, me voilà.

– Les avez-vous trouvés ?, me demanda-t-il gentiment.

– Oui, je les ai vus de loin et j'ai laissé la nourriture le long du sentier dans l'herbe avec l'espoir que certains se pencheraient discrètement, ramasseraient les paquets et en feraient leur profit.

– Tu es une courageuse petite fille, dit-il. »

Je m'indignai. Incontestablement, j'étais petite. Je ne faisais pas plus d'un mètre cinquante-cinq, mais je me sentais très adulte.

« – Je ne suis pas une petite fille. J'ai vingt ans, répliquai-je aussitôt.

– À mes yeux, tu es quand même une petite fille. »

Puis, de façon surprenante, il changea de contenance et me regarda fixement, ses yeux perçants plongés directement dans les miens, et il me dit d'une manière qui incitait à la réflexion :
« – Ton peuple et toi traversez actuellement des temps très difficiles. Mais tu survivras et tu iras à l'ouest. D'abord, tu traverseras une petite étendue d'eau. Puis, tu traverseras une vaste étendue d'eau. Ne va pas à l'est, car cela ne t'apporterait que des peines. Tu endureras de nombreuses épreuves douloureuses, mais à la fin, tu trouveras la paix, l'amour et le bonheur. »

Je restai là, très étonnée, légèrement perplexe devant ce qu'il venait de me dire. Je ne pouvais pas savoir alors que les mots qu'il avait prononcés si solennellement s'avéreraient une prédiction absolument exacte.

Postface

Le livre de Truda Rosenberg, *Sans masque*, m'a offert une occasion inattendue d'entendre l'histoire de sa vie racontée par elle-même : les évasions audacieuses, les exploits, les expériences incroyables d'une jeune fille juive vivant pendant l'Holocauste.

J'ai rencontré Truda pour la première fois dans un groupe de dialogue entre Juifs et Chrétiens, où l'on m'avait invitée à parler. Nous avons fait plus ample connaissance ; elle m'a raconté beaucoup de ses histoires et m'a fait part de son intention de les écrire. J'ai proposé de l'aider à réaliser ce projet. Cela a été une expérience inouïe pour moi de passer l'année dernière à aider Truda à raconter ses histoires, qu'elle écrivait à la main avant de me les dicter. Avoir entendu chacune d'elles de vive voix, l'avoir vue revivre ses souvenirs à travers les larmes, la joie amère et oui, même le rire, a constitué en soi un voyage.

Tandis que j'écoutais les histoires de Truda, j'ai commencé à me poser des questions et je me demande encore comment quelqu'un qui a fait l'expérience d'une haine si cruelle, si irrationnelle, qui en a été le témoin, peut encore vivre une vie normale. La réponse est venue alors que je méditais sur les paroles du prophète hébreu Isaïe, qui a dit de façon si belle au chapitre 61, versets 1 à 3 :

> *L'esprit du Seigneur Yavhé est sur moi, car j'ai reçu l'onction de Yavhé. Il m'a envoyé [...] pour consoler les affligés, pour secourir ceux qui pleurent à Sion, pour leur donner une couronne de beauté au lieu de cendres, l'huile d'allégresse au lieu d'habits de deuil, la louange au lieu du désespoir. On les appellera chênes de justice, plantés par Yavhé pour manifester Sa splendeur.*

En vérité, une couronne de beauté au lieu de cendres ! Ces mots accentuent le trésor et le don Truda représente. Ils parlent de la foi qu'elle embrasse. Truda a toujours su qui elle était et, conformément aux mots d'adieu de sa mère, elle n'a jamais rien laissé arriver à son âme juive !

Annie Elliott
Directrice, For Zion's Sake International

Sur l'auteur

Truda Rosenberg est psychologue, éducatrice et conteuse. De son expérience de guerre, elle écrit :

« Il m'a fallu très longtemps pour décider d'écrire une histoire, fût-ce celle de mon expérience personnelle pendant la Shoah. Je ne me considère pas comme une écrivaine et je préfère me dire conteuse.

Les quelques histoires présentées dans ce texte sont des épisodes authentiques qui, je l'espère, décrivent les expériences essentielles que j'ai vécues, comme beaucoup de personnes de mon peuple. Il est important de souligner qu'à aucun moment, ni dans le passé, ni maintenant, je n'ai qualifié mes expériences d'uniques. Leur existence est un fait, et je les présente ici comme le témoignage d'un témoin direct, une version de ce que beaucoup d'entre nous avons vécu sur une base quotidienne. Certains d'entre nous ont été capables d'affronter la compulsion monstrueuse qu'avait l'ennemi de nous détruire ; beaucoup ont succombé et perdu la bataille ; d'autres ont émergé victorieux ; d'autres encore font l'effort de vivre en dépit de leur tragédie. J'ai été capable d'échapper à l'internement dans un camp de concentration, avec son attaque brutale à la dignité humaine et à la résistance physique devant la privation de nourriture et la maladie, qui auraient contribué à l'incapacité ou au manque de volonté de vivre.

Pendant la Shoah, j'ai vécu sous trois identités successives. Quand on me demande ce qui m'a permis de survivre, je réponds sans hésiter : « Je savais qui j'étais. » Cela m'a permis de me battre pour ma vie et de survivre en tant qu'être humain, grâce à la célébration de la vie qu'on m'avait enseignée, à l'amour des autres et à l'amour de la vie. Voilà ce que survivre signifie pour moi.

Après avoir servi comme interprète judiciaire auprès des Forces britanniques du Rhin, la professeure Rosenberg a suivi une formation d'infirmière et de sage-femme après la guerre. En 1951, elle a émigré à Vancouver, en Colombie-Britannique, où elle est devenue infirmière en santé publique. En 1958, elle s'est installée à Ottawa, y a travaillé pour le département de santé publique de la ville d'Ottawa tout en poursuivant ses études et a obtenu un doctorat en psychologie en 1971. Cette même année, elle a enseigné au département d'Éducation et de Psychologie de l'Université d'Haïfa et dirigé le Département de psychologie qu'elle a créé au Kibboutz Ein Harod. De surcroît, elle a été psychologue clinique en chef dans un grand hôpital psychiatrique et centre de santé mentale à Tirat Hacarmel.

À son retour à Ottawa avec son mari, Imrich Yitzhak Rosenberg, qui a été invité à faire partie du Comité consultatif des réfugiés canadiens, la D[re] Rosenberg a ouvert un cabinet privé de psychologie clinique. Aujourd'hui encore, elle donne des conférences à l'échelle internationale et continue d'exercer à Ottawa. *Sans masque* est son premier livre. En 2007-2008, elle a été écrivaine à l'École des Humanités de l'Université Carleton.

Une typographie de 10pt sur 15pt ITC New Baskerville

MIXTE
Papier issu de sources responsables
FSC® C100212
www.fsc.org

Achevé d'imprimer
en octobre deux mille dix, sur les presses
de l'imprimerie Gauvin, Gatineau, Québec